# हिमालय के आँचल में प्रकृति का स्पर्श

# हिमालय के आँचल में प्रकृति का स्पर्श

रमेश पोखरियाल 'निशंक'

प्रभात प्रकाशन

प्रकाशक • **प्रभात प्रकाशन प्रा. लि.**
4/19 आसफ अली रोड,
नई दिल्ली–110002

संस्करण • प्रथम, 2021
मूल्य • चार सौ रुपए
मुद्रक • आर–टेक ऑफसेट प्रिंटर्स, दिल्ली

**HIMALAYA KE ANCHAL MEIN PRAKRITI KA SPARSH**
*Poems* by Shri Ramesh Pokhriyal 'Nishank' ₹ 400.00
Published by Prabhat Prakashan Pvt. Ltd., 4/19 Asaf Ali Road, New Delhi-2
e-mail: prabhatbooks@gmail.com ISBN 978-93-90923-47-2

# हिमालय और प्रकृति के साथ एकाकार कराती निशंकजी की कविताएँ

कई दशकों पूर्व देवभूमि उत्तराखंड के कुमाऊँ क्षेत्र के अल्मोड़ा जिले के छोटे से गाँव 'कौसानी' में जनमे शब्द साधक सुमित्रानंदन पंत ने 'प्रकृति-वटी' के अतींद्रिय सौंदर्य पर मोहित होकर कह दिया था—

*"छोड़ दुमों की मृद छाया,*
*तोड़ प्रकृति से भी माया,*
*बाले! तेरे बाल जाल में,*
*कैसे उलझा दूँ लोचन?"*

और फिर उसी देवभूमि उत्तराखंड के गढ़वाल क्षेत्र के पौड़ी जिले के छोटे से गाँव 'पिनानी' में जनमे अक्षर शिल्पी श्री रमेश पोखरियाल 'निशंक' ने भुवनभास्कर की स्वर्णिम किरणों से दमकते हिमालय की चोटियों और 'चरैवेति' का संदेश देनेवाली कल-कल निनादिनी गंगा की पावन लहरों के अप्रतिम सौंदर्य को देखकर कह दिया—

*"यदि मुझे मिले पुनर्जन्म तो चाहूँगा*
*हिमालय की गोदी हर बार हो,*
*मुझे पहला स्पर्श मिले उस मिट्टी का*
*जिसमें प्रकृति का प्यार हो।*
*मेरा बचपन खेले उस धरा पर*
*जहाँ उल्लास, उमंग और उलार हो,*
*मैं पढ़-लिख सकूँ उस पाठशाला में*
*जहाँ ज्ञान के साथ प्रेम का प्रसार हो।"*

देवभूमि उत्तराखंड भारत के प्रहरी के रूप में अडिग नगाधिराज हिमालय की वह धरती है, जिसने 'भगीरथ' की साधना का सम्मान करके राजा सगर के पुत्रों का उद्धार किया और 'पतित पावनी' बनाकर पूरे विश्व को जीवन-दान देने के लिए 'गंगा' दे दी है।

इसी देवभूमि के यशस्वी अक्षर-साधक रमेश पोखरियाल 'निशंक' के इस काव्य-संग्रह 'हिमालय के आँचल में प्रकृति का स्पर्श' की सारी कविताएँ विश्वव्यापी महामारी 'कोरोना' के समय एकांतवास में रची गई हैं।

प्रख्यात अंग्रेजी कवि विलियम वर्ड्सवर्थ को समीक्षकों ने 'प्रकृति का कवि' माना है। कवि वर्ड्सवर्थ ने कविता की परिभाषा देते हुए कहा है—

"Poetry is the spontaneous overflow of powerful feelings, recollected in peace and tranquility."

अर्थात् कविता शांत और संयमित क्षणों में अत्यंत प्रबल भावनाओं का सहज उभार होता है।

मेरी दृष्टि में कवि निशंकजी की ये कविताएँ भी उनके एकांतवास के दिनों में शांत एवं संयमित चिंतन का ही सुफल हैं, जिनमें उनका अतीत वर्तमान के परिप्रेक्ष्य में उभकर आ गया है।

निशंकजी एक लोकप्रिय राजनेता के साथ-साथ यशस्वी शब्द-साधक भी हैं। उन्हें जब और जहाँ भी समय मिलता है, वहाँ से वे ऐसे घटनाक्रमों और पात्रों को अपनी 'स्मृति' में सँजो लेते हैं, जिन्हें लेकर कालांतर में कहानी, उपन्यास, कविता आदि का सृजन करने का वरदान माँ शारदा ने उन्हें दिया है।

इस काव्य-संग्रह 'हिमालय के आँचल में प्रकृति का स्पर्श' की कविताओं में आपको कविवर निशंकजी के प्रकृति-प्रेम के साथ-साथ संघर्षशील व्यक्तित्व के दर्शन भी अवश्य हो जाएँगे, जिनसे आप उनकी उस अदम्य 'जिजीविषा' को जान सकेंगे, जिसके बल पर एक छोटे से गाँव 'पिनानी' का साधारण सा युवक इस देश का शिक्षा मंत्री बन सका है।

मेरी दृष्टि में 'हिमालय' निशंकजी के जीवन की दृढ़ता, अजेय संकल्प-शक्ति और अडिग स्वाभिमान की ऐसी प्रेरक शक्ति बना है, जिसने निशंकजी को जुझारु और विजय की कामना लेकर जीवन-पथ पर चलनेवाला बनाया है। वे कहते हैं—

*"मेरी कविताओं में पहाड़ की*
*सुरमई हवा की झनकार हो,*
*मेरे गीतों में माँ प्रकृति के नूपुरों की*
*खनकती मधुर खनकार हो।"*

इस काव्य-संग्रह की 'हिमालय' शीर्षक कविता में निशंकजी कहते हैं—

"हिमालय!

*धरा के शीर्ष पर*
*उत्तुंग गर्वित ललाट लिये*
*तुम मेरे स्वाभिमान का प्रतीक हो!*

□

*अडिग-गंभीर, सहज-सरल*
*किंतु फौलादी चट्टानों से घिरे*
*तुम मेरे जीवन का प्रतीक हो।"*

निश्चय ही, 'हिमालय' शीर्षक से रची गई यह कविता शब्द-शिल्पी कवि निशंकजी के जीवन का दर्पण बन गई है।

जरा निशंकजी की एक और कविता 'वृक्ष की कहानी, वृक्ष की जुबानी' तो पढ़िए; आपको पर्यावरण की चिंता करनेवाले रचनाकार के भावुक हृदय के दर्शन हो जाएँगे। इस जगा देनेवाली लंबी कविता को तो मैं इस काव्य-संग्रह की श्रेष्ठतम 'वरदान' रचना मानता हूँ। 'वृक्ष' के मन की बात वे पूरी दुनिया से कहते हैं—

*"मैं वृक्ष होकर भी सदा*
*तुम्हारे लिए जीता रहा,*
*तुम्हारे हर घात-प्रघात*
*मूक बन सहता रहा।*
*किंतु तुम सर्वश्रेष्ठ घोषित होकर भी*
*तुच्छ ही रह गए।*
*हम बेजुबान होकर*
*तुम्हारा जुल्म सह गए।"*

मेरा अपना मानना तो यह है कि इस काव्य-संग्रह की कविता 'वृक्ष की कहानी, वृक्ष की जुबानी' तो हर विश्विवद्यालय के पाठ्यक्रम में सम्मिलित करके 'पर्यावरण' की रक्षा के लिए युवाओं को अवश्य पढ़ाई जानी चाहिए।

निशंकजी की एक बड़ी ही प्यारी कविता है 'बारिश की फुहार', जिसमें प्रकृति जैसे सजीव हो उठी है। इस कविता में चित्रात्मकता के साथ ध्वन्यात्मक सौंदर्य की छटा तो देखते ही बनती है—

*"ऊष्ण तप्त वसुधा पर*
*सुप्त तरु व्याकुल थे।*
*नीले आसमान को ताकते*
*बस एक बूँद को आकुल थे।*

□

*बरसती बूँदों ने टप-टप*
*संगीत फिजा में छनकाया।*
*कली-कली, पत्ती-पत्ती ने*
*झूमकर राग मेघनी गाया।"*

निस्संदेह यह कविता प्रकृति के सौंदर्य का निर्मल दर्पण है। निशंकजी के इस काव्य-संग्रह की कई कविताओं में उनका बचपन, किशोरावस्था और युवा जीवन सहज ही जैसे शब्दों में ढल गया है। 'मेरी यादों का संदूक' ऐसी ही भावपूर्ण रचना है, जो प्रत्येक सहृदय पाठक के अंत:करण को छू लेती है। आप भी देखिए—

*"जब कभी तुम मेरे गाँव जाओगे,*
*उन गलियों में तुम्हें मेरा अहसास होगा।*
*टेढ़े-मेढ़े रास्तों पर कहीं-न-कहीं,*
*वहीं मेरा बचपन खड़ा होगा।"*

भावुक कवि निशंकजी की इस कविता में हर पाठक उनके हृदय की धड़कनों को सुन सकता है—

*"वापसी में तुम गाँव की*
*खुशबू अपने में भरकर ले आना,*
*साथ ही, मेरे घर, मेरे गाँव को*

*मेरा यह संदेश दे आना।*
*कि—*
*दूर भले ही तुझसे हूँ,*
*पर तुझमें ही रोज जीता हूँ।*
*संपूर्ण, परिपूर्ण हूँ भले ही मैं,*
*पर तेरे बिन निपट रीता हूँ॥"*

निस्संदेह 'मातृभूमि' का यह सहज लगाव प्रत्येक पाठक के हृदय को भावनाओं से भर देने में सक्षम है।

हिमालय सरीखे आत्मसम्मान को लेकर जीनेवाले कवि निशंकजी के इस काव्य-संग्रह की एक और महत्त्वपूर्ण और स्मरणीय कविता है 'सृष्टि', जिसे मैं 'प्रकृति के सुकुमार' कवि सुमित्रानंदन पंत की कालजयी कविता 'परिवर्तन' जैसी ही कालजयी रचना मानता हूँ। 'सृष्टि' कविता में प्रकृति अपने हर रूप में आपको मिलेगी, यह मेरा दावा है। धरती, अंबर, पर्वत, नदी, वृक्ष, सागर सभी मिलकर हमें जीवन का अर्थ बताते हैं—

*"सारी सृष्टि हर पल हमको*
*परमार्थ-भाव सिखलाती है।*
*जो भी जीता है औरों के हित,*
*उसको ही अमृत कहलाती है।"*

कवि निशंकजी के इस काव्य-संग्रह की एक और बेजोड़ कविता है 'पहाड़ को एक चिट्‌ठी', जिसमें कवि ने अपने अतीत और वर्तमान को इतनी कुशलता से उकेरा है कि यह कविता स्मरणीय बन गई है। कवि लिखते हैं—

*"प्रिय पहाड़!*
*मुझे मालूम है तुम हमेशा की तरह*
*सभी के साथ-साथ*
*अपना भी ध्यान रख रहे हो।*
*मैं भी अच्छा हूँ*
*और रोज सुबह-शाम*
*तुम्हें याद करता हूँ।"*

सच कहूँ तो यह कविता कवि निशंकजी का वह 'दिल' है, जो दिल्ली की भागती-दौड़ती, चकाचौंध भरी जिंदगी में भी पहाड़ के लिए ही धड़कता है। इस कविता-संग्रह की कविताएँ विलियम वड्‌र्सवर्थ की परिभाषा पर पूरी तरह खरी उतरती हैं। इसलिए मुझे पूरा विश्वास है कि प्रत्येक सहृदय पाठक के दिल पर यह दस्तक अवश्य देंगी और कभी-कभी उन्हें रुलाई देंगी।

**—डॉ. योगेंद्रनाथ शर्मा 'अरुण'**

74/3, न्यू नेहरू नगर
रुड़की-247667 (उत्तराखंड)

# पुरोवाक्

भारतीय मनीषा अनादि काल से ही प्रकृति और पर्यावरण के प्रति जिज्ञासु एवं आस्थालु रही है। सर्वप्रथम 'अथर्ववेद' में ही 'माता भूमिः पुत्रोऽहं पृथिव्याः' कहकर धरती की वंदना की गई है। साथ ही, आकाश को पिता की संज्ञा दी गई है। हमने पर्वत, नदी, वृक्ष-वनस्पतियों में भी देवी-देवता की संकल्पना की है। इस तरह हमारे आदि पूर्वज समूची प्रकृति में ही देवत्व का संधान करते थे। वैदिक साहित्य में प्रकृति की सारी शक्तियों को एक सुनिश्चित विधान में दिखलाया गया है। उसमें नियमन है। उसके विराट् एवं प्रशस्त रूप में चराचर जगत् तथा गोचर और अगोचर ब्रह्मांड के समस्त उपादान समाहित हैं। इस नियमन को वैदिक भाषा में ऋत कहा गया है। ऋत नियमों से बड़ा कोई नहीं है। अग्नि प्रकृति की विराट् शक्ति हैं। वे भी एतस्य क्षत्ता हैं। नदियाँ भी ऋतावरी हैं और नियमानुसार चलती हैं। भूमंडलीय ताप भी नियमबद्ध और संतुलित है। हमारे ऋषियों का यह मानना है कि जब प्रकृति की सारी शक्तियाँ नियमबद्ध हैं तो मनुष्य का आचरण भी नियमबद्ध होना चाहिए। यही कारण है कि हमारे कवियों और साहित्यकारों ने सदैव प्रकृति एवं पर्यावरण के प्रति अपनी संलग्नता का परिचय दिया है। भारतीय विश्वदृष्टि प्रकृति और मनुष्य में, व्यष्टि-समष्टि में भेद नहीं करती है। हम मानते हैं कि बाहर जो सूर्य का प्रकाश है, वही भीतर ज्ञान का प्रकाश है। बाहर जो अंधकार है, वही भीतरी भय है। इसी तरह तृण और वीरुध में जो ऊपर उठने और लहलहाने की प्रक्रिया है, वह हमारी आंतरिक उमंग है। हमने मनुष्य-देवता, प्रकृति-पुरुष में स्वामी के बजाय सहकार भाव देखा है। इसलिए वे परस्पर एक-दूसरे को प्रेरित-प्रकाशित और संपन्न करते हैं। फलतः वे युग्म परस्पर अपेक्षी हो जाते हैं। उनकी सहकारिता, सहस्थिति और अंतरावलंबन सामूहिक उत्थान में सुपरिणत हो जाते हैं। अतः पारस्परिक सामंजस्य और सहयोगपूर्ण अस्तित्व के द्वारा परम सामंजस्य तथा पूर्णता तक पहुँचना ही भारतीय चिंता-धारा का केंद्रीय वैशिष्ट्य है।

रमेश पोखरियाल 'निशंकजी' समकालीन हिंदी कविता के विशिष्ट हस्ताक्षर हैं, जो भारतवर्ष की गतिशील लोकोन्मुख परंपरा और राष्ट्रीय-सांस्कृतिक काव्य-धारा को पुरस्कृत कर रहे हैं। आपको प्रकृति-प्रेम विरासत में मिला है। इसमें उत्तराखंड के अनंत रमणीय प्राकृतिक सौंदर्य के साथ-साथ प्राकृतिक सौंदर्य के अद्वितीय चित्रकार कवियों सुमित्रानंदन पंत और चंद्रकुँवर बटर्वाल की परंपरा का भी विशेष योगदान है। यह अत्यंत हर्ष का विषय है कि 'हिमालय के आँचल में प्रकृति का स्पर्श' शीर्षक से इनकी उन्यासी कविताओं का संग्रह प्रकाशित होने जा रहा है। इस संकलन की सारी कविताएँ सन् 2020 में लिखी होने के कारण पूर्ण रूप से अद्यतन अनुभवों एवं परिपक्व सोच पर आधारित हैं। कवि ने प्रकृति की तुलना माँ से की है और यह प्रतिपादित किया है कि प्रकृति भी माँ की तरह न केवल हमारे जीवन एवं व्यक्तित्व के पोषण और पुरस्करण में सहकारी भूमिका अदा करती है, अपितु वह माँ की भाँति ही शिक्षा, संस्कार और जीवन जीने की कला सिखाती है। इस संग्रह की कविताओं में प्रकृति के प्रति कवि की गहन आत्मीयता अन्यत्र दुर्लभ है। इनकी प्रकृतिपरक कविताएँ अत्यंत स्वच्छ, प्रसन्न एवं प्रांजल हैं। इस संकलन की पहली कविता 'मेरी अभिलाषा' शीर्षक से है, जिसमें कवि इस बात की कामना करता है कि यदि उसे पुनर्जन्म मिले तो हर बार उसे हिमालय की गोद मिले। उसे पहला स्पर्श प्रकृति के असीम प्यार से युक्त उस मिट्टी का ही मिले। कवि की यह हार्दिक कामना है कि उसकी कविताएँ पार्वती प्रकृति की बहुविध-बहुरंगी छवियों से अनुप्राणित हों—

*"मेरी कविताओं में पहाड़ की*
*सुरमई हवा की झनकार हो,*
*मेरे गीतों में माँ प्रकृति के नूपुरों की*
*खनकती मधुर खनकार हो।"*

नगाधिराज हिमालय भारतीय राष्ट्र का सिरमौर है। उसकी महिमा गाथा से भारतीय साहित्य तथा समाज का इतिहास भरा पड़ा है। 'गिरमस्ते पर्वता हिमवन्तो' का उल्लेख पृथ्वीसूक्त (अथर्ववेद) से लेकर निशंकजी की कविताओं तक निरंतर होता रहा है। रामायण, श्रीमद्भागवत के अतिरिक्त 'कुमारसंभवम्' के प्रथम से सोलहवें श्लोक तक हिमालय का विशिष्ट वर्णन

हुआ है। इसके अलावा कामायनी के आशा सर्ग में जयशंकर प्रसाद ने हिमालय का जो वर्णन किया है, वह मानवीकरण एवं उक्ति-वैचित्र्य की दृष्टि से सर्वोपरि है। दिनकर ने भी 'मेरे हिमनद, मेरे विशाल' शीर्षक से कविता लिखी। इस संकलन में निशंकजी की अधिकांश कविताएँ हिमालय के वैविध्यपूर्ण चित्रों का अनंत रमणीय समारोह हैं। इस दृष्टि से 'हिमालय का स्पर्श' तथा 'हिमालय' शीर्षक कविता विशेष रूप से उल्लेख्य है, जिसमें कवि हिमालय को नवचेतना एवं नवल ऊर्जा का संचार करनेवाला बतलाता है। कवि प्रकृति के अनंत वैभव को प्रेरक शक्ति के रूप में चित्रित करता है। प्रकृति की राशि-राशि दृश्यावलियाँ कवि मन पर जादुई प्रभाव डालती हैं। उन्हें प्राकृतिक परिवेश की इंद्रधनुषी झाँकी, हवा के गंधिल झोंके, निखरे हुए सायंकाल, दुग्ध-धवल चाँदनी, आकाश का नीलापन, किरणों का सुनहलापन, नीलगगन में टिमटिमाते तारे, सिहरती-पुलकती दूब, शबनम की पारदर्शी तरलता, घाटी में वर्षा, सरसराती सर्दी, पीत वटिक धारणी वसंतश्री, भटकती सरिता सब मुग्ध कर देती है और वे उस टोने में लिपट जाते हैं। प्रकृति की बहुरंगी छवियाँ उनकी रचनात्मकता का उन्नयन करती हैं। कवि अपनी दूसरी कविता 'तुम आओ तो सही' में प्रकृति की विशाल गोद में मिलनेवाली शांति और नीरवता को जीवन के उद्देश्य के रूप में प्रतिपादित करता है। कवि 'दिव्य सुप्रभातम्', 'अंत:करण की शुचिता' जैसी कविताओं में प्रकृति के विलक्षण चित्र के साथ जीवन के अत्यंत गहरे संदेश भी देता है। इसी तरह 'गाँव का मर्म' शीर्षक कविता में निशंकजी गाँव के अतिशय आत्मीय और तरल संबंधों का बड़ी संजीदगी के साथ चित्रण करते हैं। वह प्राकृतिक परिवेश को सुकून की जमीन के रूप में चित्रित करता है और प्रकृति के पास ही प्रकृति का अहसास के अनेकोन्मुखी कथ्य का प्रक्षेपण करता है। इसी क्रम में 'सूर्य' और 'मैं सुहानी रात हूँ' शीर्षक कविता जीवन और प्रकृति को नए स्तर पर रूपायित करती है।

प्रस्तुत संकलन की अनेक कविताएँ लंबी कविता के रूप-विधान में भी हैं। इनमें 'वृक्ष की कहानी, वृक्ष की जुबानी' शीर्षक कविता अत्यंत महत्त्वपूर्ण बन पड़ी है। यह कविता अपने अर्थबोध के लिए पाठ की गहनता में जाने की माँग करती है। इसमें वृक्ष के बीजवपन, स्फुरण, विकास और फलागम

के उपरांत मनुष्य किस तरह अपने स्वार्थ हेतु उनकी बेतहाशा कटाई की भी गहरी व्यंजना हुई है। कवि ने उस वृक्ष का, जो छतनार होकर सबको छाया दे रहा है, उसके आसपास के कटते वृक्षों और उसकी ओर बढ़ते संकट का अत्यंत मार्मिक चित्रण किया है। जब उस वृक्ष के कटने का क्रम आता है तो वह मनुष्य को अपनी बहुस्तरीय-बहुआयामी उपयोगिता को बताता है। कवि अपनी संवेदनशील दृष्टि द्वारा यह संकेतित करता है कि किस तरह यांत्रिक सभ्यता के सीमाहीन प्रसार और भौतिकवादिता के बेतरतीब विस्तार के कारण समूचे पर्यावरण के लिए खतरा उत्पन्न हो गया है। कवि वृक्ष के माध्यम से अपनी अशेष संवेदना को व्यक्त करते हुए यह प्रतिपादित करता है कि वृक्षों की अंधाधुंध कटाई से प्राकृतिक आपदाओं को आमंत्रण मिलता है, जिससे समूची जैविकता का अस्तित्व खतरे में पड़ सकता है। प्रकृति के प्रति ऐसी चिंता और संलग्नता अन्यत्र दुर्लभ है। वह वृक्ष की व्यथा-कथा और मनुष्य की स्वार्थपरकता का सार इन शब्दों में प्रस्तुत करता है—

*'किंतु तुम सर्वश्रेष्ठ घोषित होकर भी*
*तुच्छ ही रह गए हो।*
*हम बेजुबान होकर भी*
*तुम्हारा हर जुल्म सह गए।*
*मैं खुशी-खुशी हो जाऊँगा शहीद*
*किंतु मैं ये असर छोड़ जाऊँगा*
*तुम्हारे ही हाथों कटकर, मेरे दोस्त!*
*तुम्हारे घर में अमर हो जाऊँगा।*
*हम वृक्ष थे प्रकृति के पुत्र*
*इसलिए सदा-सदा खुद के लिए नहीं*
*दूसरों के लिए जीते रहे*
*और*
*आज मिटाकर भी तुम्हारी यादों में*
*हम अजर-अमर हो गए।'*

कहने का आशय यह है कि कवि वृक्ष के माध्यम से संस्कृति के एक अध्याय का निर्वचन कर देता है। इस कविता का संबंध मानवीय-विवेक के

साथ अत्यंत गहरा है; पूरी कविता ही मनुष्य के समक्ष एक चुनौती है। कवि वृक्ष के आत्मकथ्य द्वारा मनुष्य के संवेदन के समक्ष जो चुनौती उपस्थित करता है, उसी में इस कविता का सर्जनात्मक उन्मेष है। निशंकजी वृक्षों के विनाश से पर्यावरण के लिए उत्पन्न खतरे के प्रति सचेष्ट हैं और विकास को प्रकृति एवं मनुष्यता के कल्याण से जोड़कर देखते हैं। इसी क्रम में क्षितिज से आए मेहमान, बारिश की फुहार, कुहकते पंछी, गुनगुनी धूप, चाँद तू एक तेरे रूप अनेक, नदी तथा मेरी यादों का संदूक जैसी कविताओं में प्रकृति के वैविध्यपूर्ण संदर्भों और उसके आश्रयदाता स्वरूप का बिंबात्मक चित्रण हुआ है।

आचार्य रामचंद्र शुक्ल ने प्रकृति-प्रेम और देश-प्रेम के मध्य अभेद स्थापित करते हुए लिखा है कि 'यदि किसी व्यक्ति को अपने देश से प्रेम है तो उसे अपने देश के मनुष्य, पशु, पक्षी, लता, गुल्म, पेड़-पौधे, नदी-निर्झर सबसे प्रेम होगा, सबको वह चाह भरी दृष्टि से देखेगा, सबकी सुध करके वह विदेश में आँसू बहाएगा।' इस दृष्टि से निशंकजी महान् देश-प्रेमी सिद्ध होते हैं; क्योंकि उनके काव्य में प्रकृति- चित्रण के साथ-साथ उसके संरक्षण की चिंता तथा प्राणिमात्र के साथ सह-अस्तित्व का प्रश्न भी चित्रित हुआ है। उनकी कविता 'यह देश हमारा है' में प्रकृति-पर्यावरण के प्रति रागात्मक संबंध और प्रशस्त राष्ट्र-प्रेम के साथ-साथ विश्व-बंधुत्व की विराट् कामना भी अभिव्यक्त हुई है। इस दृष्टि से कतिपय पंक्तियाँ विशेष रूप से चिंतनीय बन पड़ी हैं—

*"यह देश है हमारा, जो जान से प्यारा है,*
*इसके लिए ही जीना और मरना है।"*

कवि का यही राष्ट्र-प्रेम अपने प्रशस्त रूप में विश्वबंधुत्व एवं विश्व मानवतावाद तक पहुँच जाता है। वह अंत में लिखता है कि 'सर्वे भवन्तु सुखिनः' का यह मंत्र हमारा है—

*"सुख-दुःख में साथ निभाने का तंत्र हमारा है।"*

इसी तरह स्वयं की बात, अपने-अपने हिस्से की बर्फ, निज का भाग्य बना रहे! यादें संघर्ष की जैसी कविताएँ प्रकृति के भीतर पाए जानेवाले रूप, व्यापार और मार्मिक तथ्यों की व्यंजना लोकजीवन की सापेक्षता में करती हैं।

ये कविताएँ पाठकीय मन को प्रकृत दशा में लाकर उसे मनुष्यता की उच्चतर भावभूमि पर ले जाती हैं। निशंकजी प्रकृति-पर्यावरण के प्रश्न को मानवीय जीवन के एक व्यापक हिस्से की तरह सीमाहीन विस्तार देते हैं। वह एक चिंतक कवि की भाँति अपनी कविताओं में काव्य की सृजन-प्रक्रिया, उसके उद्देश्य, राजनीति की सहयात्री कविता तथा शब्दों के वैशिष्ट्य का निरूपण करते हैं। उन्होंने 'सृष्टि' शीर्षक कविता में वैदिक ऋषियों की भाँति प्रभावापन्न होकर धरती, अंबर, पर्वत, नदी, वृक्ष, सागर इत्यादि का जिज्ञासु भाव से चित्रण किया है। कवि जीवनानुभवों और प्रकृति के साक्षात्कारजन्य अनुभव के मध्य एक अंत:सूत्र खोजता है, जिससे प्रकृतिपरक कविताएँ भी जीवन की सहयात्री बनकर आती हैं। वह विश्व मानव, संवाद एक ऐसा भी, घर एक मंदिर, चूल्हे की आवाज, भोर की किरण, जीवन के मंत्र, संस्कार ही संस्कृति, आँगन में था एक ओखल, धधकते जंगल, संघर्ष से क्यों घबराना, समृद्ध पहाड़, जल ही जीवन और वृक्षों की ताकत जैसी कविताएँ जीवन एवं प्रकृति के प्रति कवि की गहरी समझ की द्योतक हैं। इन कविताओं से यह सिद्ध होता है कि कवि का प्रकृति संबंधी ज्ञान उसके प्रकृति प्रेम की तरह ही अतिशय व्यापक है। प्रकृति और मानव जीवन तथा मन को एक अविच्छिन्न सूत्र में बाँधने का कवि का यह प्रयास उसका निजी वैशिष्ट्य है। निशंकजी अपनी कविताओं में वनस्थलीय बिंबों के अंतर्गत पर्वत, नदी, वृक्ष, निर्झर, पवन और गँवई परिवेश को मानव सुलभ व्यापारों के साथ समायोजित करते हैं। इस दृष्टि से वृक्षों की ताकत, मेरे गाँव की धारा, सृजन का नवगीत, प्रेम, मित्र, सन्नाटे में शब्दों का शोर, आत्मसंतुष्टि और मानवता जैसी कविताएँ अपने संदर्भित वैविध्य में मानवीय व्यापारों के कलात्मक चित्रण के कारण उल्लेख्य बन पड़ी हैं। यहाँ प्राकृतिक संदर्भ की सापेक्षता में मानवीय चेतना का भी उन्नयन होता है।

निशंकजी 'राम और हमारा जीवन' शीर्षक कविता में कवि राम को गहराइयों तक महसूस करके अपनी निजी वेदना को भूल जाते हैं। वह राम को संघर्ष से जूझने के लिए प्रेरणा मंत्र की तरह स्मरण करते हैं। वह अच्छी तरह जानते हैं कि राम भारतीय जनमानस के चिरंतन लोकनायक हैं। वे सदा-सर्वदा से यहाँ के लोकमन में रमे हुए हैं। भारतीय परंपरा में जो कुछ भी वरणीय हैं, जो कुछ भी सर्वोत्तम है तथा जो सनातन आदर्श है, वे राम के रूप में साकार हो

गए हैं। राम पूरी मनुष्यता के हैं। वे देश-काल, धर्म-ज्ञान, पंथ-परंपरा सबसे परे हैं। उनका व्यक्तित्व ही अपने आप में एक महाकाव्य है। ऐसा कवित्वपूर्ण और सर्वगुणसंपन्न व्यक्तित्व संपूर्ण विश्व साहित्य में दुर्लभ है। रामराज्य ही विश्व की एकमात्र ऐसी व्यवस्था रही है, जहाँ प्रकृति पूर्ण रूप से संतुलित थी। निशंकजी प्रकृति के भीतर परमशक्ति का संधान करते हैं। कवि यह प्रतिपादित करता है कि यह धरती हमारे भूत, वर्तमान और भविष्य की अधिष्ठात्री है। प्रत्येक व्यक्ति का जीवन परिमित, परंतु मातृभूमि पर बसे हुए मनुष्य का जीवन अमर है। इसी प्रकार दिहाड़ी, स्वर्ग कैसा होता है, अहसास ही जिंदगी है, लक्ष्य प्राप्ति तक, प्रकृति का मानव को उपहार, इनसानियत नहीं खोनी है, हरियाली मेरे मन की, शिक्षक, गीत अपने मन का, एक पुष्प की अभिलाषा और प्रकृति का संदेश जैसी कविताएँ न केवल नैसर्गिक सौंदर्य और प्रकृति की बहुआयामी उपयोगिता को दरशाती हैं, अपितु इनके माध्यम से कवि मानवीय मूल्यों का निर्वचन भी करता है।

निशंकजी की सांस्कृतिक चेतना भौगोलिक उपादानों के चित्रण के साथ-साथ राष्ट्रीय-संस्कृति के रचनात्मक उन्मेष पर भी जोर देती है। इसके अतिरिक्त मेरे संग गा, फूल की जिंदगी, कोई ऐसा चाहिए, आपसी सहयोग, यह प्रकृति है, सार जीवन का, प्रकृति के पास जिंदगी, स्वदेश प्रेम का, मेरी सुबह और प्रकृति, साँझ, मन की छटपटाहट, पहाड़ को एक चिट्ठी, निराश न हो, प्रकृति की गोद में तथा चाँदनी और जुगनू की गुफ्तगू नामक कविताएँ प्रकृति के नाना-व्यापारों के कलात्मक चित्रण के साथ मनुष्य के मन में जीवन के प्रति स्वीकृति का भाव भरती हैं। उसे कठिन संघर्ष के क्षणों में भी निराशा से बचाती हैं। उसमें प्रकृति से शिक्षा ग्रहण कर सुंदर संकल्प, सशक्त कर्म और त्याग भावना का सर्जनात्मक उन्मेष पैदा करती हैं।

सारांश यह है कि 'हिमालय के आँचल में प्रकृति का स्पर्श' संकलन की कविताएँ प्रकृति के भौतिक विस्तार के अंकन के साथ-साथ राष्ट्र की सांस्कृतिक प्रतिमा का निष्पादन भी करती हैं। कवि राष्ट्रीय प्रकृति, हिमालयी जनजीवन और जातीय मानस की अभिन्नता के दीप्तिपटों का उद्घाटन करता है। वह यह सुनिश्चित करता है कि भारतवर्ष की आत्मा में सारा विश्व समाया हुआ है। हमारी हिमालयी भूमि इस महादेश और विश्व का ही अंग है। अतः

मातृभूमि का मन विश्वात्मा के साथ मिला हुआ है। इन कविताओं द्वारा कवि प्रकृति के साथ संपर्क में आने और उसके साथ मनुष्य को संतुलन की अवस्था में रहने का संदेश देता है। कवि महाकवि कालिदास के 'कुमारसंभव' की उस स्थापना को सुदृढ़ करता है, जिसमें उन्होंने लिखा था—उत्तर दिशा में हिमालय नाम का जो पर्वतराज है, वह देवतात्मा है, देवस्वरूप है; वह पूर्व और पश्चिम के समुद्रों के बीच में पृथ्वी के मानदंड की तरह व्याप्त है। हिमालय देवता है, देवता अमर होते हैं, इसलिए हिमालय भी अमर है। यही भावना निशंकजी की प्रकृति संबंधी कविताओं में आद्यंत व्याप्त है। इस तरह निशंकजी का प्रस्तुत संकलन मूलतः प्रकृति के ऐश्वर्य और वैभव की प्रतिष्ठा का काव्य है। उनकी प्रकृतिपरक कविताएँ अत्यंत स्वच्छ, प्रसन्न, सहज एवं प्रांजल हैं। छायावाद के उपरांत प्रकृति पर गुण एवं परिमाण दोनों ही दृष्टियों से इतनी महत्त्वपूर्ण कविताएँ लिखनेवाले वह अकेले कवि हैं। यह संकलन प्रकृति के अनंत रमणीय चित्रों, बहुरंगी दृश्यों, उपमानों एवं प्रतीकों से भरा है, जिसके कारण इन कविताओं में विलक्षण प्रभाव शक्ति आ गई है। यहाँ प्रकृति का आलंबन और मानवीकरण रूप अपनी वैविध्यपूर्ण प्रस्तुति में अतिशय रमणीय बन पड़ा है। ऐसा प्रतीत होता है कि कवि-मन में प्रकृति ने अपनी प्राण राशि उलीचकर उनकी काव्याभिव्यक्ति को सजीव, मूर्तिमान और सम्मोहनकारी बना दिया है। यहाँ हिमालयी प्रकृति की राशि-राशि दृश्यावलियाँ, वेगवती पहाड़ी नदी, आकाशधर्मा देवदारु, फूलों की रंगत एवं खुशबू, रात की ओस, सुबह की किरण, झील का दर्पण, लोकजीवन का संगीत, मानवीय स्वार्थपरता से प्रकृति के बहुविध स्वरूप के समक्ष आसन्न संकट, वृक्षों की पीड़ा, विलुप्तप्राय प्रजातियों का शोकगीत और मानवीय मूल्यों में गहन आस्था एक अलौकिक छंदमय परिवेश की सृष्टि करते हैं। कवि हिमालय के वनों में विचरते, हिमालयीन शिखरों पर अल्हड़ मेघों के साथ झूमते, वसंत की मदहोश हवाओं के साथ थिरकते हुए प्रकृति का ऐसा सम्मोहक संसार गढ़ता है, जिसमें विचरण करनेवाला आनंद सुधा रस से आप्लावित हो उठता है। कवि ने नए परिवेश और युग की माँग के अनुरूप एक विशिष्ट प्रकार के प्रकृति-दर्शन का विकास किया है, जो प्रकारांतर से उनके देशानुराग का ही प्रत्यक्षीकरण है। ये कविताएँ प्रकृति और मनुष्य के संबंधों को समझने की दृष्टि देती हैं और

मानव मात्र की संवेदना को उद्बुद्ध करती हैं; उसे प्रेरित, प्रभावित और रसमग्न करती हैं। इन कविताओं के परायण से मनुष्य को मानसिक स्वास्थ्य-लाभ प्राप्त होता है। इनके उत्ताल स्पर्श से पाठक के म्लानमन पर पानी के छींटे पड़ते हैं। उसे भावनात्मक एवं बौद्धिक दोनों स्तर पर पोषण प्राप्त होता है। ये उसमें चराचर जगत् के प्रति आकर्षण और दायित्व-बोध भरती हैं। संक्षेप में, निशंकजी के प्रकृति-दर्शन से यह सिद्ध होता है कि मनुष्य की अप्रतिहत प्रगति और सर्वांगीण विकास प्रकृति के साथ संतुलन तथा अंतरावलंबन पर ही निर्भर है। यह संकलन संपूर्ण हिंदी काव्य-साहित्य के लिए एक अनमोल उपहार है। मुझे पूर्ण विश्वास है कि समूचा हिंदी जगत् इस संकलन का खुलेमन से स्वागत करेगा। अत: आज के इस भौतिकवादी, तेज रफ्तार जीवन में ये कविताएँ जेठ में सावन की तरह आई हैं।

**—डॉ. करुणाशंकर उपाध्याय**

प्रोफेसर एवं अध्यक्ष, हिंदी विभाग
बंबई विश्वविद्यालय, मुंबई-400098

# माँ और प्रकृति माँ

जीवन की शुरुआत से लेकर अंत तक मनुष्य का प्रकृति से अनादि काल से गहरा रिश्ता रहा है। मनुष्य को अपना जीवन जीने या फिर अपनी सुख-सुविधाओं के लिए जीवनपर्यंत जो कुछ भी चाहिए या जो कुछ भी मिलता है, वह प्रकृति की ही देन है। प्रकृति मनुष्य के जीवन का आधार है। भोजन-पानी और ऑक्सीजन भी हमें प्रकृति से ही प्राप्त होती है, प्रकृति के बिना मनुष्य जीवन की कल्पना करना भी असंभव है। हर रूप में प्रकृति हमारा पोषण ठीक एक माँ की तरह करती है। दूसरे शब्दों में कहें तो जन्म देनेवाली माता के समान ही प्रकृति भी हमारी माँ है। मनुष्य और प्रकृति का आपस में माँ और बेटे का रिश्ता है।

जिस तरह से 'माँ' अपने बच्चे की पहली शिक्षक होती है, ठीक वैसे ही प्रकृति भी हमारे जीवन की उत्कृष्ट शिक्षक है। नदियाँ, झीलें, पेड़-पौधे, पुष्प, जंगल और मैदान हमें किसी-न-किसी रूप में कुछ-न-कुछ प्रेरणा देते ही हैं। इन रचनाओं में प्रकृति का अद्‌भुत सौंदर्य और रचनात्मकता भरी पड़ी है, जो न केवल आँखों को, अपितु तन, मन और मस्तिष्क को भी शांति और ऊर्जा प्रदान करती है।

आज के भौतिक युग में मनुष्य का जीवन इतना व्यस्त हो गया है कि उसे अपने रोजगार, घर-परिवार, बाल-बच्चों, दुःख-बीमारी और सुख-सुविधाओं के अलावा और कुछ सूझता-बूझता ही नहीं है। दूसरे शब्दों में कहें तो इन्हीं सब उलझनों ने मानव को प्रकृति से दूर कर दिया है। प्रकृति के प्रति उसकी न तो कोई वेदना रही और न ही संवेदना। प्रकृति से नाता टूटने के कारण ही मनुष्य दुःख-बीमारी, मानसिक रोग, तनाव, दुश्चिंताओं जैसी विकृतियों का शिकार होता जा रहा है।

मनुष्य समाज की तरह प्रकृति के भी अपने नियम और कानून होते हैं। सुख-सुविधाओं के भोग और विकास की होड़ के चलते मानव ने प्रकृति का अंधाधुंध और अनुचित दोहन करना प्रारंभ कर दिया है। यही कारण है कि प्रकृति भी कभी-कभी अपनी रुष्टता प्रकट करती है। प्रकृति की एक छोटी सी आहट भी पृथ्वी को कँपा देती है, पहाड़ों को दरका देती है और नदियों को छलका देती है।

नदी-नाले, पेड़-पौधे, गाड़-गधेरे, पहाड़ी चोटियाँ, घाटियाँ और सघन जंगलों से मैंने जीवन जीने का मंत्र सीखा। यह मेरा सौभाग्य है कि मैंने अपने जीवन में प्रकृति से निरंतर संवाद बनाए रखा, विपरीत-से-विपरीत परिस्थितियों में भी मैंने यह संवाद कायम रखने का प्रयास किया है।

मैंने यह महसूस किया कि मनुष्य प्रकृति के जितना निकट रहेगा, जितना उसे आत्मसात् करेगा, उसे उतना ही धैर्य, पुरुषार्थ और ऊर्जा प्राप्त होती है। हमारी अनेक समस्याओं के समाधान के लिए प्रकृति हमें ताकत देती है। जब-जब मानव ने प्रकृति से अपनी दूरियाँ बढ़ाईं, तब-तब विकृति पैदा हुई और यह विध्वंस का कारण बनी, क्योंकि प्रकृति सदैव सृजन के लिए नए आयाम प्रदान करती है, जबकि विकृति विध्वंस को जन्म देती है।

गत वर्ष 2020 के प्रारंभ से कोरोना नाम की इस महाव्याधि ने जब सारा जनजीवन ठप कर दिया तो लगा कि जैसे प्रकृति में एक नया निखार आ गया हो, वर्षों बाद नदियों का नीर स्वच्छ दिखने लगा, नीले अंबर में रुई के फाहों जैसे बादलों की जुगलबंदी, पक्षियों की चहचहाहट और कलरव तथा पशुओं का स्वच्छंद विचरण सबने देखा और महसूस किया। इन दिनों मुझे हिमालय और प्रकृति का स्पर्श और अधिक निकट से महसूस करने का अवसर मिला; बचपन से लेकर अब तक की तमाम स्मृतियों और अनुभूतियों ने इन कविताओं को जन्म दिया।

हिमालय की गोद में रहते हुए, जितना भी मैंने 'प्रकृति माँ' से सीखा-समझा, वही मेरी प्रेरणा और जीवन का आधार बना है। अपनी इन्हीं भावनाओं और संवेदनाओं से उपजी इन कविताओं को सरल और सहज रूप में मैंने इस काव्य-संग्रह में सहेजा है। इन रचनाओं में हिमालय के जनजीवन, जीवन-

दर्शन, प्रकृति के विभिन्न रूप, आयाम, उसकी संस्कृति-संस्कार तथा सीख का सार है और प्रकृति के प्रति आभार है।

ये कविताएँ अपने पाठकों को प्रकृति को निहारने का नितांत नया नजरिया देंगी तो वहीं दूसरी ओर प्रकृति और उसके नियम तथा अनुशासन को समझने की प्रेरणा भी देंगी। मेरा विश्वास है कि जब-जब आप तनाव और दबाव में होंगे तो इन रचनाओं के अंदर जाएँगे और इनको पढ़कर आपको प्रकृति से ऊर्जा प्राप्त होने का अहसास हो तो यही इन कविताओं की सार्थकता होगी।

**—रमेश पोखरियाल 'निशंक'**

हिमालय भवन
27, सफदरजंग रोड
नई दिल्ली (भारत)

# अनुक्रम

*हिमालय और प्रकृति के साथ एकाकार कराती निशंकजी की कविताएँ* 5

*पुरोवाक्* 11

*माँ और प्रकृति माँ* 21

1. मेरी अभिलाषा 29
2. तुम आओ तो सही 31
3. दिव्य सुप्रभातम् 34
4. अंत:करण की शुचिता 36
5. गाँव का मर्म 38
6. सुकून की जमीन 41
7. प्रकृति के पास ही प्रकृति का अहसास 44
8. हिमालय का स्पर्श 48
9. सूर्य 50
10. मैं सुहानी रात हूँ 51
11. हिमालय 53
12. वृक्ष की कहानी, वृक्ष की जुबानी··· 55
13. क्षितिज से आए मेहमान 61
14. बारिश की फुहार 63

15. कुहुकते पंछी 64
16. गुनगुनी धूप 66
17. चाँद तू एक तेरे रूप अनेक 69
18. नदी 73
19. मेरी यादों का संदूक 75
20. यह देश हमारा है 78
21. स्वयं की बात 79
22. अपने-अपने हिस्से की बर्फ 81
23. निज का भाग्य बना रे! 84
24. यादें संघर्ष की 86
25. कविताओं की कविता 88
26. कहानियों की गजल 90
27. राजनीति के संग, साहित्य के रंग 92
28. सृष्टि 95
29. आतुर शब्द 98
30. 'मेरी मार्गदर्शक' हैं मेरी चुनौतियाँ 100
31. पत्थरों के भाव 103
32. विश्व मानव 105
33. संवाद एक ऐसा भी 107
34. घर एक मंदिर 114
35. चूल्हे की आवाज 117
36. भोर की किरण 122
37. जीवन के मंत्र 124
38. संस्कार ही संस्कृति 127

| | | |
|---|---|---|
| 39. | आँगन में था एक ओखल | 129 |
| 40. | धधकते जंगल | 132 |
| 41. | संघर्षों से क्यों घबराना | 134 |
| 42. | समृद्ध पहाड़ | 137 |
| 43. | जल ही जीवन | 140 |
| 44. | वृक्षों की ताकत | 142 |
| 45. | मेरे गाँव की धारा | 144 |
| 46. | सृजन का नवगीत | 147 |
| 47. | प्रेम | 149 |
| 48. | मित्र | 151 |
| 49. | सन्नाटे में शब्दों का शोर | 153 |
| 50. | आत्मसंतुष्टि | 155 |
| 51. | मानवता | 158 |
| 52. | राम और हमारा जीवन | 160 |
| 53. | परमशक्ति | 162 |
| 54. | दिहाड़ी | 164 |
| 55. | स्वर्ग कैसा होता है? | 167 |
| 56. | अहसास ही जिंदगी है | 169 |
| 57. | लक्ष्यप्राप्ति तक | 170 |
| 58. | प्रकृति का मानव को उपहार | 172 |
| 59. | इनसानियत नहीं खोनी है | 174 |
| 60. | हरियाली मेरे मन की | 176 |
| 61. | शिक्षक | 177 |
| 62. | गीत अपने मन का | 179 |

| | | |
|---|---|---|
| 63. | एक पुष्प की अभिलाषा | 181 |
| 64. | प्रकृति का संदेश | 184 |
| 65. | मेरे संग गा | 186 |
| 66. | फूल की जिंदगी | 188 |
| 67. | कोई ऐसा चाहिए | 190 |
| 68. | आपसी सहयोग | 192 |
| 69. | वह प्रकृति है | 194 |
| 70. | सार जीवन का | 196 |
| 71. | प्रकृति के पास जिंदगी | 198 |
| 72. | संदेश प्रेम का | 200 |
| 73. | मेरी सुबह और प्रकृति | 201 |
| 74. | साँझ | 203 |
| 75. | मन की छटपटाहट | 205 |
| 76. | पहाड़ को एक चिट्ठी | 207 |
| 77. | निराश न हो | 210 |
| 78. | प्रकृति की गोद में | 212 |
| 79. | चाँदनी और जुगनू की गुफ्तगू | 214 |

# मेरी अभिलाषा

यदि मिले मुझे पुनर्जन्म तो चाहूँगा
हिमालय की गोदी हर बार हो,
मुझे पहला स्पर्श मिले उस मिट्टी का
जिसमें प्रकृति का असीम प्यार हो।

मेरा बचपन खेले उस धरा पर
जहाँ उल्लास, उमंग और उलार हो;
मैं पढ़-लिख सकूँ उस पाठशाला में
ज्ञान के साथ जहाँ प्रेम का प्रसार हो।

मेरा तारुण्य खिले उस बगिया में
जहाँ प्रकृति का नैसर्गिक श्रृंगार हो;
मेरी खिलखिलाती हँसी में निश्छल भाव रहे
उसमें न कभी रिश्तों का व्यापार हो।

मेरा सुख-दुःख जिन्हें अपना लगे
ऐसा ही कुटुंब-परिवार हो;
जहाँ द्वेष, वैर, छल-कपट न हों
ऐसा सुखमय संसार हो।

मेरा जीवन दौड़े उस धरा पर
जहाँ जीवट के रथ पर कर्म सवार हो;

निज परिश्रम से भाग्य को बदलने और
चुनौतियों से लड़ने को मन तैयार हो।

मैं कर सकूँ जहाँ पहल अभिनव
ऐसी उर्वरित जमीन का आधार हो;
बो सकूँ सृजन के बीजों को मैं
ऐसा नित नया मन में विचार हो।

मेरा संघर्ष भी जूझे उस राह में
जहाँ संकल्प-शक्ति अपार हो;
जहाँ अकलुषित मन से परास्त
हो जाता समस्त विकार हो।

मेरी कविताओं में पहाड़ की
सुरमई हवा की झनकार हो,
मेरे गीतों में माँ प्रकृति के नुपूरों की
खनकती मधुर खनकार हो।

जीवन हो कुछ ऐसा जिसमें
परहित समर्पण का सार हो,
ऐसे सार्थक जीवन के लिए
मन में ईश्वर का आभार हो।

05.6.2020

□

# तुम आओ तो सही

जहाँ पर मैं हूँ
वहाँ से मैं स्वयं के
समानांतर दूर तक
फैली पहाड़ियाँ देख रहा हूँ।

कोई गहरी हरी, कोई धानी सी
कोई रूखी चट्टान मगर बेहद खूबसूरत
कहीं एक ही रंग की, कहीं विविधता में रँगी
खूबसूरत चित्रकारी देख रहा हूँ।

उनके ऊपर फैला नीला
छतरीनुमा आसमान
उनकी खूबसूरती पर
मुलमुल मुसकरा रहा है।

आसमान में मुक्त विचरण करते
रुई के फोहों की तरह
बादलों की दौड़ती कतारें
मन में कौतूहल भर रही हैं।

तुम एक बार आओ तो!

देखो ये प्रकृति तुम्हें बुला रही है।
ढालदार पहाड़ी पर पसरे,
हरे–भरे गुदगुदे मखमली बुग्याल
तुम्हारे कोमल पैरों की नरम थापें
स्वयं में लेने को आतुर हैं।

अपने आँचल में तुम्हारी
चहलकदमी को तरसती है,
तुम्हारी खिलखिलाहट को तड़पती
धरती की नजरें तुम्हें ताकती रहती हैं।

देखो!

तुम्हारे लिए इन रंग–बिरंगे फूलों ने
अपनी खूशबू को सहेजकर रखा है,
जिसे तुममें बिखेरकर वो
मेरे संग ही तुम्हें भी महकाना चाहते हैं।

बुरांस, ग्वीराल, काफल के पेड़
इंतजार कर रहे हैं तुम्हारी शरारतों का,
जिनकी बाँहों में झूला डाले
हम घंटों झूला करते थे।

घिंदुड़ी, घुघुती, हिलांस की
वो अनकही अटपटी–सी बातें,
जिसे हम बिना कहे ही समझ जाते हैं,
बेचैन हैं तुम्हें फिर सबकुछ सुनाने को।

तुम आओ!

फिर उसी जगह बैठकर
हम प्रकृति से बातें किया करेंगे,
आँखें बंद करके आदि शिव को
अपने अंतर्मन में जाग्रत् किया करेंगे।

आँखें मूँद श्वासों को स्थिर कर केवल
हृदय में उत्पन्न स्पंदन को सुनेंगे,
जीने की छटपटाहट न हो जाए जब तक
तब तक श्वासों को स्थिर रखेंगे।

बस इसी क्षण,
इसी क्षण जीवन में
एक श्वास की कीमत हम जान पाते हैं,
स्थिर की गई श्वासों में ही
नई श्वासें हम पाते हैं।

और तब आत्मसात् करते हैं
स्वयं के भीतर
प्रकृति और परमात्मा को
जिनकी शक्ति के स्वरूप ये अनमोल जीवन
हमें उपहार में मिला है।

तो आओ न!

तुम क्षणिक भौतिक सुखों को छोड़कर
कुछ देर प्रकृति के पास आओ
इसके सान्निध्य में असीम शांति,
अलौकिक सुख और जीवन के उद्देश्य को पाओ।

**18.5.2020**

□

# दिव्य सुप्रभातम्

दिन की शुरुआत का यह समय
जब ठंडी-ठंडी हवा के झोंकों के साथ
पवित्र तन-मन से हम
ईश्वर का ध्यान करते हैं।

तब हम आभार प्रकट करते हैं
दोनों हाथों को जोड़कर
कि प्रभु! तुमने एक सुनहरी सुबह का
सौभाग्य हमें प्रदान किया है।

धरती को रोशन करती
सूर्य की स्वर्णिम किरणें जब
हमारे तन-मन को छूती हैं,
तो साक्षात् प्रकृति देव की आभा से
हमारी पूरी देह अलौकिक हो उठती है।

मन की प्रत्येक ग्रंथि तब खुल जाती है,
भावों की सुप्त चादर भी अनायास ही धुल जाती है,
नव किरणों का नव संचार
मस्तिष्क रूपी इस ब्रह्मांड को ऊर्जित कर देता है।

आँखों के खुलने पर यह प्रकृति
साफ-सुथरी धुली-धुली सी लगती है,
सकारात्मक सोच से जिंदगी भी
बेहद खूबसूरत सी लगती है।

यह मन इस स्वस्थ और ऊर्जित काया को
तरह-तरह के आयाम देने लगता है;
आओ और सँजो लो इसी पल को,
हो सके तो कर दो अमर
इस समय को हमेशा के लिए
जब यह मन
एक दिव्य मधुर गीत गाने लगता है।

**19.5.2020**

□

# अंतःकरण की शुचिता

प्रातः उठते ही हम
जब हिमालय में चले जाते हैं,
और उसकी भव्यता में
आदि शिव का
ध्यान लगाते हैं।

तो तुमने महसूस किया होगा
हमारी हर श्वास में
ईश्वर का एक संदेश होता है,
प्रत्येक प्रश्वास में मन का
शुद्धीकरण होता है।

इस श्वास–प्रश्वास के बीच
प्रत्येक क्षण हमारे भीतर
कुछ नया सृजित होता है।

विचारों की शुचिता एक ऐसे
व्यक्तित्व का निर्माण करती है
जिसमें हिमालय की तरह ही—
स्वभाव में गंभीरता होती है,
व्यवहार में सहजता होती है,

इसी से जीवन में सरलता है,
मन में भावुकता जन्म लेती है,

और तब,
मस्तिष्क में प्रखरता आ जाती है,
दर्शन में सौम्यता बढ़ जाती है,
विचारों में विद्वत्ता भर जाती है,
वाणी में मधुरता उभर आती है।

सच कहूँ तो
तब व्यक्तित्व में दिव्यता होती है।
इस दिव्य स्वरूप के स्मरण से ही
चारों ओर का तम छँट जाता है
और इसकी आभा से
रोम–रोम प्रदीप्त हो जाता है।

फिर यही जीवन चरितार्थ करेगा
'तमसो मा ज्योतिर्गमय' की सूक्ति को
जिसमें चिरंतन जीवन का सार निहित है।

और फिर 'मृत्योर्मामृतं गमय' की राह पर
सृजनकर्ता विश्व मानव अग्रसर हो जाएगा
जो इस चराचर जगत् का सर्वोपरि हित है।

□

# गाँव का मर्म

आओ! तुम्हें गाँव की बात सुनाता हूँ,
तुम्हारे लिए उसके अनन्य प्रेम को बताता हूँ!
ये पत्थर, पठाली और मिट्टी से बनी हुई
महानगर की कोई कॉलोनी नहीं है।

ये तो थाती है हमारे पुरखों की,
जिसकी मिट्टी में सदियों की
कई कहानियाँ समाई हुई हैं।

यहाँ बने मकान केवल मकान नहीं हैं,
ये तो रिश्तों में अपनेपन के प्रतीक और
अधिकारों के छोटे-छोटे घरौंदे हैं।

जिस आँगन में चले जाओ,
वहाँ दादी की प्यार की झप्पी के साथ
एक गिलास तेज मीठी चाय तुम्हें मोह लेगी।

चूल्हे की राख में सिकी हुई
कोदे की रोटी और प्याज की चटनी
उबले आलू के टुकड़ों पर जख्या की
छौंक की महक बरबस ही तुम्हें
अपनी ओर खींच लेगी।

हर छज्जे पर तुम्हें हाथ में हुक्का लिये
एक बूढ़ा आदमी दिखेगा,
जो अपने बीते दिनों की बातें
श्वासें भरते–भरते तुमसे कहेगा।

आजादी की लड़ाई, 65 की कहानी,
71 की जंग में जब ये निर्भीक लड़े थे,
ये किस्से हर घर, हर जुबान से
तुम्हें सुनने को मिलेंगे।

दुःख–दर्द में यह गाँव
जब कभी सिसक उठता है,
तब ढाढ़स बँधाकर, हौसला बढ़ाकर
टूटे हुओं को खड़ा करता है।

बार त्योहार पैणू–पयाणू से
यह पूरा गाँव महक उठता है
खुशियों में झुमेला, चौफलों गीतों से
चहक उठता है।

यह गाँव महज एक गाँव नहीं है,
यह तो माँ है तुम्हारी
जिसने तुम्हारे जनम पर खुशियाँ मनाई हैं।
तुम्हारे पैरों की थाप उसने
सीने में लेकर रौनक बढ़ाई है,
और तुम्हारे बाहर पलायन करने पर
उसकी आँखें हर बार भर आई हैं।

वो एक माँ की तरह
तुम्हारे लिए रोज तरसता है,
तुम्हारी एक झलक पाने के लिए
आज भी खूब तड़पता है।

इसलिए कह रहा हूँ, आओ न!
कुछ दिन के लिए ही सही
आकर इस माँ के आँचल में बैठो
और लिपटकर इससे,
उसके ममत्व के अहसास को फिर से लो।

कुछ दिन उसका श्रृंगार करके
उसका खोया रूप उसे वापस कर दो,
तुम आकर एक बार उसके
झाड़-झंखाड़ से भरे रास्ते आबाद कर दो,
मंगरा, घराट को भी
अपने आने का आश्वासन दे दो।

और हाँ!
गाँव के ऊपर देवी माँ के मंदिर में
सिर जरूर झुका देना,
जिन्हें तुम हर संकट में पुकारते हो
उन भूम्याल देव को भी अपना सिर नवा देना।

तुम्हारा गाँव माँ की तरह है,
तुमसे ज्यादा कुछ नहीं माँगेगा,
तुम्हारे दो दिन आने-जाने से ही
बहुत खुश हो जाएगा।

**19.5.2020**

□

# सुकून की जमीन

क्षणिक सांसारिक सुखों की चाह में
दिन–रात खपते रहने के बाद
यदि मिल जाए वो मन का खोया सुख
तो कुछ क्षण फुरसत के निकाल लेना।

इन फुरसत के पलों में जरा
अपने भीतर एक कोने में
कुचले हुए पड़े अपने मन की भी खबर लेना।

यह 'मन'
जिसे तुमने जीवन की इस आपाधापी में
स्मृतियों के
पुराने संदूक में बंद कर दिया है;
फुरसत मिले तो जरा इस मन पर
पड़ी हुई धूल को भी साफ कर लेना।

धूल की पहली परत हटाते ही
तुम्हें नजर आएगा बरसों पुराना
तुम्हारी बाट जोहता वो आँगन
जिसमें अपने नन्हे–नन्हे पैरों से
तुम गिरते–पड़ते बस यों ही दौड़ते रहते थे।

थोड़ा और साफ करोगे मन पर जमी धूल
तो फिर दिखेगा वो धवल हिमालय
जिसे सुबह आँख मींदते–मींदते
तुम सबसे पहले देखा करते थे।
और उसकी धवल आभा से
तुम खुद भी दमक जाया करते थे।

फिर प्यार से इस मन के और पास जाकर
यदि शीशे की तरह और साफ करोगे
तो तुम्हें दिखेगा वो गाँव
जिसके आँचल में हँसते–खेलते
तुम अब बड़े आदमी बन गए हो।

जब साफ हो चुकी हो मन की
पूरी तसवीर,
तो अब इसके भीतर झाँककर
स्वयं को ढूँढ़ने का प्रयास करना,
और इसके किसी कोने में दबी–कुचली
अपनी भावनाओं की तलाश भी करना।

ओह!
कितने खूबसूरत दिखते थे तुम
बरसों पहले अपने गाँव में
तुम्हारे कोमल गालों पर पड़ी लालिमा में
तुम्हारी खिलखिलाती हँसी में
चाँदी सी चमकती तुम्हारी दंतपंक्तियाँ
और साथ ही आँखों में उभर आता
मासूमियत भरी शरारती चमक
कितना खूबसूरत बना देती थी तुम्हें।

अब तुम्हारे माथे की वह चमक
परेशानी की सिलवटों से ढक गई है,
आँखों के मोटे से चश्मों के पीछे झाँकती
भविष्य के लिए चिंतित आँखों के साथ
गालों की वह लालिमा
झुर्रियों के बीच कहीं दफन हो गई,
और होंठों पर फैली वह मासूम सी खिलखिलाहट
फीकी सी हँसी में बदल गई है।

आओ, चलो न,
कुछ दिन इस आपाधापी से दूर
प्रकृति के नजदीक अपने गाँव में चलते हैं,
कुछ अपनी सुनाते हैं
और कुछ अपने गाँव की सुनते हैं।

जिंदगी की दौड़ में पीछे छूटे समय को
पाटने की कोशिश करते हैं,
आओ, चलो न,
प्रकृति के साथ कदम-से-कदम मिलाने
हम फिर से सुकून की जमीन पर चलते हैं।
एक बार फिर अपने प्यारे-प्यारे
गाँव से मिलते हैं, जहाँ शायद हमें हमारा
खोया मासूम बचपन मिल जाए।

**20.5.2020**

□

# प्रकृति के पास ही प्रकृति का अहसास

मैं तुमसे कहूँ अगर
कि हजारों मील प्रकृति से दूर
तुम प्रकृति को महसूस करो
तो क्या संभव हो पाएगा ?
शायद नहीं, कभी भी नहीं।

जिस जगह को कभी
तुमने देखा ही नहीं,
आत्मसात् भी नहीं किया,
क्या तुमसे उसका
वर्णन हो पाएगा ?
शब्दों में या भावनाओं में !

शायद नहीं !
भले ही अनगिन लोगों ने तुम्हें
प्रकृति की खूबसूरती बताई हो,
किताबों और चलचित्रों ने
प्रकृति की तसवीरें रचाई हों।

लेकिन,
इन सब के कहे को तुम
केवल सुन सकते हो,

किताबों और कैनवास पर उतरी तसवीर को
बस पढ़ और देख सकते हो
किंतु महसूस कभी नहीं कर सकते।

कल्पना मात्र कर सकते हो
कि हिमशृंखलाएँ, नदियाँ,
झरने, फूलों की घाटियाँ, ताल,
बुग्याल—ये सब कितने सुंदर होते हैं,
लेकिन मन से इनका कभी भी
स्पर्श नहीं कर सकते।

महसूस नहीं कर सकोगे
उसकी शीतल हवा के झोंकों को,
झरने के मनमोहक संगीत को,
नदियों के अविरल और निश्छल प्रवाह को।

तुम्हें कैसे अनुभव होगा
ऊँची चोटियाँ जब आसमान से
गुफ्तगू करती हैं,
बादलों के फोहे कभी हाथी-घोड़ा
तो कभी शेर-बंदर की
विभिन्न आकृतियाँ बनाकर जब तेज दौड़ते हैं।

तुम कैसे जान पाओगे कि
जहाँ मैं खड़ा हूँ इस समय
वहाँ से जिधर भी देखूँ
दूर-दूर तक विस्तारित
ऊँची-नीची पहाड़ियाँ ही मुझे दिखती हैं।

सीढ़ीनुमा हरे खेतों का
धानी और फिर सुनहरा होने का
यह अनूठा दृश्य
कैसे तुम्हारी आँखों में समा पाएगा?

स्वच्छ, पवित्र, शांत और
संगीतमय प्रकृति का अहसास
यूँ कहने और सुनने से
तुम्हें समझ नहीं आएगा।

यदि वास्तव में,
तुम इसे महसूस करना चाहते हो
और जीना चाहते हो इसकी खूबसूरती को
तो आओ!
प्रकृति के पास आओ
इसकी हर सुबह और शाम के अहसास को पाओ।

इसकी हर बात को सुनो
जो हर सुबह अलसाए हुए
पेड़-पौधों से टपकती पानी की बूँदें सुनाती हैं,
सूरज की किरणें कहती हैं
जिसे ठंडी पवन की सरसराहटें गुनगुनाती हैं।

जिसे पंछी रोज गाते हैं
वह कर्णप्रिय संगीत
जो मंदिरों की घंटियों में बजती है,
जो नदियों की लहरों में बहती है
और हरे-भरे बुग्यालों में
पूरी धरती में पसरी रही है।

जब तुम इस भाषा को
समझने लगोगे
तभी प्रकृति को आत्मसात् कर सकोगे।
तब तुम्हें लगेगा कि
यह दुनिया कितनी सुंदर है
और कितना सुंदर है इस
दुनिया में तुम्हारा होना।

इसलिए तो कह रहा हूँ, बार–बार
आओ न!
प्रकृति के पास आओ
इसके अहसास को पाओ
सान्निध्य में रहकर प्रकृति माँ के
प्रकृति के ही बन जाओ।

21.5.2020

□

# हिमालय का स्पर्श

मैं भेज रहा हूँ 'स्पर्श' तुम्हें,
हिमालय की शीतल, शांत और
सुकून देनेवाली इस,
ठंडी सुरभित पवन का।

मैं भेज रहा हूँ 'तेज' तुम्हें
सूर्य की उन स्वर्ण किरणों का
जिन्होंने दूर चोटी से उदित होकर
मेरे मस्तक को अभी-अभी छुआ है।
मेरे दिल का रोम-रोम जिनसे
पुलकित हुआ है।

जिनसे मेरी बोझिल आँखों में
एकाएक अरुणिमा छा गई है,
मेरे अंतस में मद्धम पड़ी हुई ज्योति
में पूर्ण प्रदीप्ति आ गई है।

मैं भेज रहा हूँ 'ताप' तुम्हें
उसी लौ का जिसने
मेरे मन के चिरागों को
रोशन किया है।

जीवन को देखने का
मुझे एक नया नजरिया दिया है।

ठीक सूर्योदय से पूर्व चहकते हैं पंछी,
जिनकी 'चीं-चीं' में ढेरों बातें हैं,
उनके कलरव के संगीत से खनक उठी
यह पूरी दुनिया है।

मैं भेज रहा हूँ वही 'संगीत' तुम्हें
जिसकी हर तान ने मेरे
रोम-रोम को झंकृत किया है,
इसी चहचहाहट के बीच गूँजते
'ओ३म्' के उच्चार ने मुझे भाव-विभोर किया है।

मैं महसूस कर रहा हूँ खुद को,
उजला और उत्साह से भरा हुआ
और यही 'उत्साह' और उज्ज्वला
हिमालय से लेकर मैं तुम्हें भेज रहा हूँ।

मैं खुद को ऊर्जित और उत्साह से
भरा महसूस कर रहा हूँ,
अपने अंदर नवचेतना का
नवल संचार कर रहा हूँ।
यही 'ऊर्जा' और उत्साह हिमालय से
मैं तुम्हें भेज रहा हूँ।

□

# सूर्य

है नील गगन में तेजोमय,
अंबर नरेश है दमक रहा।
प्रस्फुट आभा रज रश्मि से,
देखो नभमंडल चमक रहा॥

उसकी किरणें धरती के हृदय
जीवन को स्पंदित करती हैं।
खग, पादप, जल, थलचर में
ऊर्जा को संचारित करती हैं॥

आसान कहाँ है ऐसे बनना,
जैसे नभ में सूरज दिखता है।
प्रतिक्षण जलकर तपकर के
वह भाग्य स्वयं का लिखता है॥

18.10.2019

□

# मैं सुहानी रात हूँ

सूर्य की तपिश को शांत करता,
मैं शीतल जल प्रपात हूँ,
चमकते चाँद और तारों की
झिलमिल-झिलमिल बारात हूँ।
सुनो! मैं अंधकार नहीं,
मैं सुहानी रात हूँ॥

साँझ ढलते ही परिवारों में
खुशियों की बरसात हूँ,
थके-अलसाए तन-मन में ऊर्जा भरती
एक मधुमय सौगात हूँ।
समझो तो सही! अंधकार नहीं,
मैं सुहानी रात हूँ॥

नींद के आगोश में
स्वर्णिम सपनों का सजीला साथ हूँ,
जिंदगी की आपाधापी में
सुकून का हालात हूँ।
महसूस तो करो! अंधकार नहीं,
मैं सुहानी रात हूँ॥

दु:ख जाते ही सुख आएगा,
कहती यही बात हूँ,
प्रकृति का एक हाथ दिन,
तो मैं दूजा हाथ हूँ।
सुनो! मैं अंधकार नहीं,
मैं सुहानी रात हूँ॥

अप्रिय झिड़की के बाद,
मैं प्रेम की बात हूँ,
भले ही 'दिन' तुम्हारा नहीं हो पाया
लेकिन मैं तुम्हारे साथ हूँ।
डरो नहीं! अंधकार नहीं,
मैं सुहानी चाँदनी रात हूँ॥

30.10.2019

□

# हिमालय

हिमालय!

धरा के शीर्ष पर
उत्तुंग गर्वित ललाट लिये,
तुम मेरे स्वाभिमान का प्रतीक हो!

उजली धवल चाँदनी सी
रजत आभा लिये,
तुम मेरे शांत चित्त का प्रतीक हो!

हरे परिधान में सजी
रंग-बिरंगी चुनरी ओढ़े,
तुम मेरी प्रकृति के श्रृंगार का प्रतीक हो!

आँगन में चहकते
पंछियों के चहककर भरे स्वरों में,
तुम मेरी भाषा के प्रतीक हो!

सरसराती हवा में
भीनी-भीनी खुशबू लिये,
तुम मेरे गीतों का प्रतीक हो!

हृदय से अविरल
बहती चिंतन धाराओं में,
तुम मेरे सतत संघर्ष का प्रतीक हो!

ऊँची पहाड़ी के मंदिरों में बजते
शंख, घंटे-घड़ियालों में,
तुम मेरी आस्था का प्रतीक हो!

अडिग-गंभीर, सहज-सरल,
किंतु फौलादी चट्टानों से घिरे,
तुम मेरे जीवन का प्रतीक हो!

**25.11.2019**

□

# वृक्ष की कहानी, वृक्ष की जुबानी...

धरती के गर्भ में जब रोपित हुआ,
तो अँधेरे में भी मैं प्रफुल्लित था।
मेरे भीतर सृजन की बाती लिये,
नई सुबह का दीपक प्रज्वलित था॥

अंकुरित होते ही उजली सी,
दुनिया में आँखें खोलीं।
धरा के आँचल में बिखरी थी,
सतरंगी रंगों की होली॥

मिट्टी की सोंधी खुशबू से,
मैं महक उठा।
ओस की बूँदों के स्पर्श से,
मैं चहक उठा॥

धरा, अंबर, वायु, जल, ताप,
पंचतत्त्वों का संचार हुआ।
मैं दिन-रात बढ़ता रहा,
घना और बड़ा आकार हुआ॥

हरी पत्तियाँ, पंखों सी उगती रहीं,
मेरी ख्वाहिशें भी सीढ़ी चढ़ती रहीं।
आह्लादित मन में आकाश छूने की,
चाहत भी बढ़ती रही॥

मेरे आसपास गगनचुंबी,
अपने बड़ों को मैंने देखा।
जीवन जीने की कला को,
उनसे ही मैंने सीखा॥

एक रोज अचानक मैं स्तब्ध हो गया,
पास ही मेरे एक पेड़ कट गया।
चीरती आरी पर उसकी कराह सुन,
मेरा व्यथित कलेजा फट गया॥

अब तो रोज ही कुल्हाड़ी की,
खट-खट सुनाई देती है।
हट्टे-कट्टे पेड़ों की दर्दनाक,
चीख सुनाई देती है।

आज शहीद होने की,
मेरी बारी थी।
आरी, दराँती, कुल्हाड़ी की,
पूरी तैयारी थी॥

मैंने अंतिम समय,
खुद को धैर्य बँधाया।
आहुति देने से पूर्व,
उन हत्यारों को समझाया॥

क्यों जीते जी हमें,
निर्मम होकर चीर रहे हो ?
अपने हाथों खुद की ही,
क्यों तबाही लिख रहे हो ?

क्यों तुम्हें हम वृक्षों के,
महत्त्व का ज्ञान नहीं है ?

मानव के जीवन में हमारी,
अहमियत का भान नहीं है ?

अरे! विष बनती हवा को,
हम ही प्राण वायु बनाते हैं।
तुम्हारी दमघोंटू जिंदगी में,
नवजीवन का संचार कराते हैं॥

हमारी संपदा से तुम्हें
अन्न और धन्न सब मिला।
तुम नोचते रहे हमें लेकिन,
हमने कभी किया नहीं शिकवा-गिला।

हमारी टहनियों से तुम्हारे,
घर में चूल्हे जले।
हरी-भरी पत्तियों से,
सभी पशुधन पले॥

तुम तो भूल गए,
अपनी गहरी जड़ों को।
और हमारी गहराती जड़ें,
बाँधती रही धड़ों को॥

अपनी महत्त्वाकांक्षाओं के लिए
तुमने हमारे सपने तोड़ दिए।
किसी को जड़ से लील दिया,
कई को अधकटा छोड़ गए॥

सुनो!
हमने कभी हमारे लिए
जीवन को नहीं जिया,
तुम्हारे लिए ही अहर्निश
विष का घूँट भी पिया॥

न खा सके हम कभी,
आजीवन स्वयं के फल को।
न पा सके वो ठंडी छाँव,
कभी पल-दो पल को॥

न महलों में रहने का ख्वाब था,
न फूलों की सेज नसीब थी।
तुम्हारे लिए मर-मिटने की,
जाने क्यों ये जिद अजीब थी॥

आज भले ही तुम मुझे
यहाँ से ले जाओगे।
लेकिन मेरे वजूद को,
कभी नहीं मिटा पाओगे॥

मैं रहूँगा, मुझसे ही बने मंदिर में,
ईश्वर की भव्य मूरत में।
बाँसुरी की सुरीली तान,
बजेगी हर मुहूर्त में॥

तुम्हारे घर की दहलीज भी,
मेरे ही वजूद से बनी होंगी।
दरवाजों और खिड़कियों में मेरी,
कई पीढ़ी सजी होंगी॥

जिस बिछौने पर तुम,
सुकून के दो पल बिताओगे।
उसके पलंग में सदा,
तुम मुझको ही पाओगे॥

अपने बच्चे के हाथ में जब,
कागज और पेंसिल पकड़ाओगे।
उसकी निश्छल मुसकान में,
मेरे ही अहसास को पाओगे॥

अपने आँगन की कुरसी पर,
जब तुम आराम फरमाओगे।
यकीन मानो, पल-पल वहाँ
मेरे ही अहसास को पाओगे॥

अपने सफर को पूरा कर,
जब इहलोक से तुम परलोक जाओगे।
काँधे पर अर्थी उठाते हुए अर्थी में,
तुम हमें ही पाओगे।

तुम्हारा बंधु-बांधव,
न कोई साथ जाएगा।
हमारी ही सेज पर तुम्हारा तन
चंद लम्हों में खाक हो जाएगा॥

और मैं तब भी···

जलकर, धधककर, अंगारा बन,
तुम्हें मोक्ष दिलाऊँगा।
कष्टों से मुक्त कर तुम्हें,
अमरत्व का घूँट पिलाऊँगा॥

मैं वृक्ष होकर भी सदा,
तुम्हारे लिए जीता रहा हूँ।

तुम्हारे हर घात-प्रघात को
मूक बन सहता रहा हूँ॥

किंतु तुम सर्वश्रेष्ठ घोषित होकर भी,
तुच्छ ही रह गए हो।
हम बेजुबान होकर भी,
तुम्हारा हर जुल्म सह गए॥

मैं खुशी-खुशी हो जाऊँगा शहीद,
किंतु मैं यह असर छोड़ जाऊँगा।
तुम्हारे ही हाथों कटकर, मेरे दोस्त!
तुम्हारे घर में अमर हो जाऊँगा॥

हम वृक्ष थे प्रकृति के पुत्र
इसलिए सदा-सदा
खुद के लिए नहीं
दूसरों के लिए जीते रहे
और
आज मिटकर भी तुम्हारी यादों में
हम अजर-अमर हो गए।

**26.11.2019**

□

# क्षितिज से आए मेहमान

बेरुखे मौसम में आज,
अचानक बहार आई।
उमड़-घुमड़ बरसते बादलों ने,
हिम बूँदों की झड़ी लगाई॥

दूर जंगल में शीश उठाए,
वो पेड़ खिलखिला रहे हैं।
क्षितिज से आए मेहमान को,
स्नेह से गले लगा रहे हैं॥

सुप्त अनमना सा था जो,
उसकी चंचल पत्तियाँ झूम रही हैं।
श्वेत फोहों के स्पर्श से,
शरमाकर धरती को चूम रही हैं॥

एक अरसे के इंतजार का,
पल आज साकार हुआ।
हिम गजरे और कुमकुम से,
आज उनका श्रृंगार हुआ॥

तभी पवन के झोंकों ने,
मधुरिम साज सजाया।

ओढ़ी धवल चूनर लहराकर,
बादल ने अद्‌भुत नृत्य दिखाया॥

ओह!

झरोखे से देखता आह्लादित मन मेरा,
थिरकते भावों को रोक न सका।
और बिखर गए कागज पर वो अक्षर मोती,
जिन्हें किसी से कह न सका···

क्षितिज से आए मेहमानों ने,
जीवन की धारा बदल दी है।
तन–मन की मेरी उदासी,
पल भर में उल्लास से भर दी है॥

**28.11.2019**

□

# बारिश की फुहार

उष्ण तप्त वसुधा पर,
सुप्त तरू व्याकुल थे।
नीले आसमान को ताकते,
एक बूँद को आकुल थे॥

उस रोज अंबर की,
बूँदों का स्पर्श पाया।
'टप' से पड़ी जो बूँद उस पर,
नवजीवन फिर से आया॥

बरसती बूँदों ने टप-टप,
संगीत फिजा में छनकाया।
कली-कली, पत्ती-पत्ती ने,
झूमकर राग मेघनी गाया।

बारिश की फुहारों का,
वीणा के तारों सा खनकना।
उसकी लय पर पल्लवों का,
धीरे-धीरे मंद-मंद थिरकना॥

लंबी प्रतीक्षा के बाद रूखी-
सूखी धरा फिर तृप्त हो गई।
धानी परिधान पहनकर पुनः
सृजन के मंत्र से युक्त हो गई॥

□

# कुहुकते पंछी

सूर्य की अरुणिमा से पूर्व,
पंछियों की चहचहाहट मुझे जगाती है।
एक नई सुनहरी सुबह का,
अहसास मुझे कराती है॥

वो पंछी रोज मेरी छत पर,
मेरा इंतजार करते हैं।
मैं उन्हें और वे मुझे,
बहुत प्यार करते हैं॥

मेरे हाथ में दाना देख,
वे चहक उठते हैं।
तिनका-तिनका उठाते हुए,
कुहुक-कुहुक उठते हैं॥

कुहुकते हुए सभी को,
संदेश भिजवाते हैं।
एकाएक उड़कर वहाँ एक से,
पल भर में अनेक हो जाते हैं॥

निस्स्वार्थ, समर्पण, अनुराग,
ये नैसर्ग छटा में बिखेरते हैं।
सृष्टि में ईश्वर के दिए हुए,
अनन्य प्रेम को सहेजते हैं॥

सच कहूँ, ये सारे पंछी,
स्वर्ग से उतरे शांतिदूत हैं।
धरती पर रहनेवाले मानव को
प्रेम का संदेश देते अग्रदूत हैं।

**02.12.2019**

□

# गुनगुनी धूप

सर्द मौसम की,
ठिठुरती ठंड में
जब दूर हिमालय पर,
गुनगुनी धूप पड़ती है।

मंदिर के स्वर्ण कलश सा,
चमक उठता है नगाधिराज
और उसकी उजली आभा,
धरती पर पड़ती है।

मंदिरों में बजते हुए घंटे,
घड़ियाल और शंख के निनादों से
संपूर्ण धरा ईश्वर की,
भक्ति से भर उठती है।

इसे पाकर खिल उठती हैं,
सुप्त फूलों की पँखुड़ियाँ
और मधुर सुरीले साज में,
कोयल की कुह-कुह सजती है।

धीरे-धीरे चोटी से उतरती धूप,
जब धरती के आँगन में बिखरती है
तो ऊँघते-अलसाए चेहरों पर,
गुलाबी मुसकान खिल उठती है।

सुर्ख लाल होंठ और
ठंड से फटे लाल गालों पर
जब आ जाती है स्वर्गिक चमक, गुनगुनी
धूप उन पर अनायास ही पड़ती है।

चहक उठता है बचपन,
एक पल में दौड़ने को आतुर
पूरे जहान को समेटने की,
कामना आँखों में उमड़ती है।

वहीं कोने पर बैठे काँपते हाथों,
लड़खड़ाते कदमों और
खाँसते, हाँफते बूढ़े शरीर
में आ जाती है स्फूर्ति
जब गुनगुनी सी धूप उन पर पड़ती है,

तब थरथराते दोनों हाथ जुड़ जाते हैं
और धँसी आँखें मूँदकर
काँपती गरदन झुकाकर,
साक्षात् सूर्यदेव को प्रणाम करते हैं।
एक गिलास चाय की आस में,
वो धुँधली सी नजरें
रसोई का द्वार ताकती हुईं
न जाने क्या-क्या कहती हैं।

कहीं ताश खेलती टोलियों
और नींबू सानती बेटियों की
महफिलें सजती हैं, मेरे गाँव में,
सर्दियों में जब गुनगुनी सी धूप पड़ती है।

चूल्हे से निकलते धुएँ में,
मँडुए की रोटी की खुशबू
बौरा देती है।
सुबह-सबेरे कल्यो के लिए माँ
धाद देकर न्योता देती है।

मँडुए की काली रोटी में
चाँद सी दिखती 'घी' की डली
पिघलने लगती है
सर्द दिनों की गुनगुनी धूप
जब उस पर पड़ती है।

चल पड़ती है बहू-बेटियों की
हथियारों से सजी सेना
अपने मवेशियों के लिए
जीने का प्रबंध करती है।
चमकती उजली धूप में
खिलखिलाते उनके चेहरे,
भर जाते हैं स्वर्गिक मुसकान से,
और जीवन के हर रंग में खुश रहती हैं वे!
जीवंत हो उठता है पहाड़ तब,
जब सर्द दिनों की गुनगुनी धूप
उस पर पड़ती है।

03.12.2019
□

# चाँद तू एक तेरे रूप अनेक

चाँद!

अकसर तुम्हें अकेले में
अपनी खिड़की से देखता हूँ,
खुले आसमान में मुक्त विचरती
तुम्हारी हर कला को निहारता हूँ।

काली चादर पर नीले-सफेद
छींटों के बीच तुम
सीप के मोती की तरह
खूब-खूब चमकते हो।

अधूरे रूप में भी तुम
श्याम शून्य श्रृंगार में
अप्रतिम दुलहन की
नथनी की तरह सजते हो।

नन्हे-मुन्ने बच्चों की
लोरी में, गीतों में, थपकी में
न जाने कब तुम
उनके मामा बन गए?

बादलों की ओट में
छुपम-छुपाई खेलते हुए,
न जाने कब उनका
खिलौना बन गए?

और हाँ!

तुमने स्वयं को बचपन तक ही
सीमित नहीं रखा है चाँद!
तुम्हारे बिना तो व्रतियों का
व्रत भी पूरा न हो सका॥

हर करवाचौथ पर सुहागिनें
तुम्हारे आने का इंतजार करती हैं,
और तेरी गवाही में ही अपने
अटूट प्रेम का इजहार करती हैं।

चाँद!

तुमने न जाने कितने
टूटे दिलों को मिलाया है,
कितने दर्दों को, किसी ने
तुम्हारे सहारे ही भुलाया है॥

अपनी प्रेयसी को कोई
तुम्हारे रूप में ढूँढ़ता है,
कोई उसके खयालों में
तुम्हें देख रात भर ऊँघता है।

जब,

तुम्हारी तुलना अपनी प्रिया से कर
कोई गजल लिखता है,

तो उस वक्त उसे, तुम्हारे चेहरे पर
दाग भी नहीं दिखता है।

तुम रूप, नूर, गुणों से अलंकृत
किसी दुलहन की उपमा हो,
परियों की रोचक कहानी में
किसी राजकुमार का सपना हो।

हर पूनम में तुम्हारे सौंदर्य की
दमक मुझे आह्लादित करती है,
घनघोर अमावस भरे जीवन में
संघर्ष करने का जज्बा भरती है।

पूरी रात तम हरती तुम्हारी किरणों में
जीने के विविध रंग दिखे,
घटते-बढ़ते तुम्हारे रूपों में
जीवन के कई ढंग दिखे॥

शीतल चाँदनी में तुम्हें पाने को
चकोर, अनिमेष तुम्हें तकता है,
पल-पल अनन्य प्रेम की
नई कहानी लिखता है।

सुना है!
कि विज्ञान भी तुममें
विशेष रुचि लेने लगा है,
तुम्हारे घर में हमारे लिए
जीवन को ढूँढ़ने लगा है।

वास्तव में!

लाखों मील दूर क्षितिज से भी
तुम हमारे कितने पास रहते हो,
दूर रहकर भी जीवन के
सृजन मंत्र हमसे कहते हो।

04.12.2019

□

# नदी

गिरिराज हिमालय के हृदय से
जब भावनाएँ द्रवित होती हैं,
पिघलकर सरकती हुई वो
सारी ही तो सरिताएँ होती हैं।

पिता की गोद से उतर सरिता ने
जब धरती का स्पर्श पाया,
तो एकाएक श्वेत-धवल रूप
पारदर्शी सा हो आया।

आगे खिसकती हुई
मन-ही-मन अकुला रही थी,
न जाने किस-किस रंग में रँगूँगी
यही चिंता सता रही थी।

आत्मजा की मंशा भाँप
हिमालय ने अपनी आत्मा से वचन कहे,
भले ही जीवन में विविध रंग होंगे
बस मन तेरा निश्छल और निर्मल रहे।

पिता की बात सुनकर निर्झरणी
मन-ही-मन मंद-मंद मुसकाई,

ढलते पथ पर सरकते हुए
कल–कल ध्वनि में लहराई।

कभी चट्टानों से टकराकर
सुंदर प्रपात में बदल गई,
तो कभी गहरी झील में ठहरकर
मनमोहक सरोवर में ढल गई।

तरंगिणी ने धरती का
हार बन श्रृंगार किया,
सूखी बंजर धरती को
सुंदर धानी परिधान दिया।

नदियों के छलकते जल में
जीवन का अमृत घुला है,
नदी के रूप में धरती को
ईश्वर का वरदान मिला है।

05.12.2019

□

# मेरी यादों का संदूक

जब कभी तुम मेरे गाँव जाओगे
उन गलियों में तुम्हें मेरा अहसास होगा,
टेढ़े-मेढ़े रास्तों पर कहीं-न-कहीं
वहीं मेरा बचपन खड़ा होगा।

सीमेंट की कसावट तले
दबे वो कच्चे रास्ते,
जिनमें ठोकरें लगती थीं बहुत
फिर सँभलने के वास्ते।

वहाँ पंचायती चौक में
बिखरी होंगी मेरी शरारतें,
हर पठाली ने सँभाली होंगी
मेरे दौड़ते कदमों की थापें।

कुछ दूर ही अविरल बहते धारे में
मेरी अल्हड़ हँसी खनकती होगी,
पत्थरों पर जमी हरी-हरी काई
मेरी अनकही बातें कहती होंगी।

मेरे घर के आँगन में
मेरे पैरों के अदृश्य छाप होंगे,
जो पंद्रह वर्षों तक,
आते-जाते पड़े होंगे।

मेरे घर की दहलीज से
जरा झुककर गुजरना,
इसी ने सिखाया है मुझे
ऊँचा उठकर भी झुके रहना।

पास के खेतों में ही हम
खूब मस्तियाँ किया करते थे,
कागज के जहाज उड़ते-उड़ते
फिर खेतों में उतरते से करते थे।

ढूँढ़ सको तो मेरे छोटे से
बक्से की दुकान ढूँढ़ लाना,
खेत की मेंड़ में छिपाई गई
मेरी गुल्लक भी साथ ले आना।

'गौरैया' पर लिखी मेरी वो कविता
उधर ही कहीं छुपी होगी,
मेरी यादों के संदूक से
उसे भी बेझिझक उठा लाना॥

उस घर में आज भी मुझे
'माँ' की खुशबू आती है,
छटपटा जाता हूँ मैं अकसर
जब वो नजर नहीं आती है।

वापसी में तुम गाँव की
खुशबू अपने में भरकर ले आना,
साथ ही मेरे घर, मेरे गाँव को
मेरा यह संदेश दे आना।

कि—

दूर भले ही तुझसे हूँ मैं
पर तुझमें ही रोज जीता हूँ,
संपूर्ण, परिपूर्ण हूँ भले ही मैं
पर तेरे बिन निपट रीता हूँ॥

**30.12.2019**

□

# यह देश हमारा है

यह देश है हमारा, जो जान से प्यारा है।
इसके लिए ही जीना और मरना हमारा है॥
नगराज हिमालय जिसके माथे पर चमकता है,
चरणों को पखारे इसके सागर भी लहरता है।
है राष्ट्रपुरुष हम सबका, यह अभिमान हमारा है,
यह मान हमारा है, सम्मान हमारा है॥

सिरमौर रही जो जग की संस्कृति हमारी है,
भाईचारे और प्रीत की ये रीत हमारी है।
'वसुधैव कुटुम्बकम्' का यह भाव हमारा है,
इस जग का हर प्राणी परिवार हमारा है॥

यहाँ राम-रहीम ने मिलकर त्योहार मनाया है,
गुरुनानक, ईसा मसीह ने शांति गीतों को गाया है।
अनेकता में एकता का अनूठा सार हमारा है,
सभी धर्मों का प्यारा, परिवार हमारा है॥

मन में नहीं द्वेष किसी के सब प्रेम के भूखे हैं,
जीता विश्वास दिलों का नहीं देते किसी को धोखे हैं।
'सर्वे भवन्तु सुखिनः' का यह मंत्र हमारा है,
सुख-दुःख में साथ निभाने का तंत्र हमारा है॥

29.01.2020

□

# स्वयं की बात

चकाचौंध भरे शहर में
आपाधापी भरी जिंदगी में,
दौड़ते–भागते कभी–कभी
मैं असहज सा हो जाता हूँ।

जाते हुए एक–एक पल में
काम, काम और सिर्फ काम,
करते–करते, कभी–कभी तो
खुद से भी मैं नहीं मिल पाता हूँ।

अथक चलते हुए भी
'कुछ छूट रहा है' के डर से,
रात–दिन, प्रतिक्षण
स्वयं को मैं खपाता हूँ।

गहरी आधी रात में
कागज पर उतरते भावों से,
अपनी बात कहते हुए
सुकून सा पाता हूँ।

मन में उठते प्रश्नों को
समस्या को, समाधान को,

उपजे तनाव को निश्चिंत होकर
अपनी डायरी को मैं सौंप आता हूँ।

दिन भर में मुझसे होकर गुजरी
कई कहानियों को लिखता हूँ,
तो कई किस्सों को कविता
और गीत बनाकर गाता हूँ।

इसी तरह आपाधापी से
चकाचौंध से बचाकर खुद को,
स्वयं को स्वयं की बातें मैं
जी भरकर रोज सुनाता हूँ।

30.01.2020

□

# अपने-अपने हिस्से की बर्फ

सुबह चाय पीते हुए जब
मेज पर रखा अखबार उठाया,
पहले ही पेज पर पहाड़ में
भारी बर्फबारी का समाचार पाया।

मचल उठा होगा मन
सैलानियों का,
खिल उठा होगा चेहरा
व्यापारियों का।

सफेद चादर पर अनगिन
पदचिह्न बनाने,
जाने लगे होंगे लोग भी
छुट्टियाँ मनाने।

हँसते-खेलते लोग
बर्फ की ढलानों पर फिसलने लगे,
उन हसीन नजारों को
कैमरे में कैद करने लगे।

बाहर से आया हर व्यक्ति
झूम रहा, नाच रहा, खिलखिला रहा,

घूमने–घुमाने का अनवरत
जारी ये सिलसिला रहा।

किंतु मेरी निगाहें
ढूँढ़ती रही उन नौनिहालों को
जो सहमे हुए थे,
कब बाहर जाने को रास्ता मिलेगा
सोचकर घर के कोने में दुबके हुए थे।

मैं ढूँढ़ता रहा,
उन बूढ़े थरथराते गातों को
जो कंबल ओढ़कर खटिया पकड़ चुके थे,
बर्फ की शीत लहर से जिनके जिस्म
बर्फ की सिल्ली बनकर अकड़ चुके थे।

मैं सोच रहा था,
उस घर के बारे में
जहाँ इस बर्फबारी ने
उत्पात करके जीवन
ठप कर दिया।

जहाँ आने–जाने के
रास्ते बंद हो गए,
घर में राशन तक को लोग
मोहताज हो गए।

जहाँ पानी के नलों पर
बर्फ का कब्जा हुआ है,
फल, सब्जी, दूध, दही की जगह
बस बर्फ ही सजा हुआ है।

ओह !

    कितनी वेदना उस जननी को हुई होगी,
    डंडी पर लादकर ले जाते हुए ही
    बर्फीले खेतों में जिसने
    एक नई जिंदगी को जन्म दिया होगा।

जहाँ मुख्यधारा से
अलग–थलग हुए पहाड़ के घरों में
बर्फ का सितम गहराया है,
सफेद चादर से लिपटे घरों में
जीवन ठहर सा गया है।

प्रकृति माँ !
तुम्हारा बेशकीमती उपहार !
किसी के लिए मजा हो गया है,
तो किसी के लिए उन्मुक्तता
तो किसी के लिए
सजा क्यों है ?

अपने–अपने हिस्से की बर्फ में
जिंदगियाँ स्वयं को जी रही हैं,
कोई प्रफुल्लित हो रही है
तो कोई तड़पती हुई
कड़वा घूँट पी रही है।

31.01.2020

□

# निज का भाग्य बना रे!

क्यों पल-पल घुटता जाए
क्यों हालातों से हारे,
ये प्रिय जीवन है साथी! तेरा
निज हाथों भाग्य बना रे!

धारा यदि विपरीत बहे तो
पतवार चला कौशल से,
तूफान या फिर आँधी आए
लड़ना अपने ही बल से।

डूबे नदिया में वे ही जन
जो तैरना जान न पाए,
जी ले जीवन जी भरके
क्यों पल-पल घुटता जाए।

सागर में अनगिन हैं सीपी
बस कुछ में ही होता मोती,
चुनकर लाए लाखों में
वह नजर पारखी होती।

पहचान न पाए गर तो
अपनों से धोखा खाए,

जी ले जीवन जी भरके
क्यों पल-पल घुटता जाए।

रणभूमि सजी है प्यारे
तलवार हाथ में उठा ले,
बाधाओं के व्यूह को भेदने
प्रत्यंचा पर तीर चढ़ा ले।

लड़े अंतिम क्षण तक रण में
दुनिया उसका ही यश गाए,
जी ले जीवन जी भर के
क्यों पल-पल घुटता जाए।

05.02.2020

# यादें संघर्ष की

घनेरी शाम में जाने
क्यों यादें लौट आती हैं?
मुझे संघर्ष की उन गुमनाम
गलियों में घुमाती हैं।

किसी भी दर्द से जनमी
खुशी को बाँटते आया,
मैं हँसते-खिलखिलाते
सारे दुःख को पाटते आया।

कहा जिसने भी मुझको ही
सुनाए साथ ही ताने,
मगर मेरे सुकोमल मन की
अनकही बातें कोई न जाने।

कसक तन्हाई में आकर
हृदय में अकुलाती है,
छलक आए नयनों से
फिर मोती बहाती है।

जो हर राह पत्थर फेंककर
मुझे छोड़कर भागे,

उन्हीं को मील का पत्थर बना
मैं बढ़ चला आगे।

क्रोधित या कुंद होकर
भागना जाना नहीं मैंने,
चुनौती पाकर बढ़ा हर पल
हारना जाना नहीं मैंने।

संघर्षों से हर पल ही
जूझता, लड़ता रहा हूँ मैं,
संकल्पों की ताकत के बल पर
बाधाओं से अड़ता रहा हूँ मैं।

06.02.2020

□

# कविताओं की कविता

नई कविता उगाने को जब
'सृजन के बीज' बोता हूँ,
'नवांकुर' बनकर 'जीवन पथ में'
अक्षरों के मोती को पिरोता हूँ॥

उदित सूरज की किरणों से
'अँधेरा जा रहा' छँटता,
क्षितिज को बाँहों में भरना
'कोई मुश्किल नहीं' लगता।

रहा 'संघर्ष जारी' जब
कठिन राहों पर चलना था,
निज भाग्य का निर्माण कर
'मुझे विधाता बनना' था।

भरी 'विपदा' की बारिश में
शब्दों को न गलने दिया,
काव्य ने भी ढाल बनकर
'देश न जलने दिया'।

'समर्पण' भाव से मैंने
किया निज को समर्पित है,

'ऐ वतन तेरे लिए'
मेरा जीवन भी अर्पित है।

मेरे अंतस में बसा
वह पल कभी जाता नहीं,
जिन क्षणों में ये रचनाएँ रचीं
वो कभी 'भूल पाता नहीं'।

07.02.2020
□

# कहानियों की गजल

व्यस्ततम दौर में भी, कागज के ठौर में
जब कलम ने ली अँगड़ाई थी,
कुछ हटकर लिखने की मन में
'बस एक ही इच्छा' जग आई थी।

पहली पंक्ति में ही मुझे
'खड़े हुए प्रश्न पूछने' लगे,
कि लिख सकोगे हकीकत या
केवल कल्पनाएँ लिखने लगे?

उन प्रश्नों की ढूँढ़ ने मुझे
लिखने की कला सिखाई,
'मेरे संकल्प' बने मेरी ताकत ने
'एक और कहानी' लिखाई।

बनते-'टूटते दायरों' में
जिंदगी के उतार-चढ़ावों में,
होंगे मेरी मेहनत के निशान
'छूटे हुए पड़ावों' में।

मैंने न ही कल्पना की उड़ान भरी
न शायरी की किसी को रिझाने की,

संघर्ष भरे 'अंतहीन' सफर की
ये जीती-जागती कहानी थी।

इन कहानियों में पहाड़ की
'विपदा' सदा जीवित रही,
शहरों की चकाचौंध में
उपेक्षा की मार सहती रही।

मेरे कागज पर उतर आई
'केदारनाथ त्रासदी की कहानियाँ',
'प्रलय के बीच' चीखती-चिल्लाती
जीने को तरसती जिंदगानियाँ।

जिंदगी की सीख है कि दृढ़ इच्छा से
'क्या नहीं हो सकता',
अपने अनमोल उस समय को
यों ही मैं खो नहीं सकता।

आनेवाली पीढ़ी को जब
अपना अतीत बताओगे,
जरूर संघर्ष से भरी
'कथाएँ पहाड़ों की सुनाओगे'।

मुझे विश्वास है कि मेरी कहानियाँ
इनसान का हौसला बढ़ाएँगी,
'मील का पत्थर' बनकर
जीवन का पथ दरशाएँगी।

**08.02.2020**

□

# राजनीति के संग, साहित्य के रंग

समारोह, साक्षात्कारों में
लोग अकसर मुझसे पूछा करते हैं,
इतनी व्यस्तता के बाद लिखने की
आप कैसे सोचा करते हैं?

कब समय मिलता है आपको
अपार साहित्य सजाने का,
निपट विरोधी धाराओं को
एक ही साथ बहाने का।

राजनीति में यों तो अकसर
संवेदना को जगह नहीं,
फिर कैसे यहाँ राजनीति
सुंदर साहित्य की वजह बनी?

मैंने कहा,
राजनीति के पथरीले पथ पर
शायद नहीं अगर मैं जाता,
तो मुश्किल था इतनी रचनाओं का
सृजन कभी मैं कर पाता।

मैं तो जाने दिन भर कितने
अनजाने किस्सों को सुनता हूँ,
और उन्हीं में से छँटनी करके
नई कहानियाँ बुनता हूँ।

कभी साँझ को काव्य सिखाने
कोई कविता घिर आई,
छंदबद्ध कर मोती-मोती
काव्य-सूत्र में पिर आई।

कहीं शहादत एक फौजी की
मेरी 'पल्लवी' ने पाई,
वीर-वधू की गौरवगाथा
एक-एक अक्षर ने गाई।

कहीं था पनपा 'प्रेमांकुर'
निस्स्वार्थ, निशांत, मिताली में,
कड़वे घूँटों को पी डाला
एक चाय की प्याली में।

कहीं जूझती नारी है
अपना परिवार बचाने को,
कहीं 'प्रतिज्ञा' ली शक्ति ने
दुष्ट समाज मिटाने को।

कहीं 'पहाड़ से ऊँचे' दुःख को
क्षणभर में चकनाचूर किया,
कहीं 'कृतघ्न' हुए मानव को
कृतज्ञता का सबक दिया।

कहीं 'प्रतीक्षा' में पथराई
आँखें 'भागोंवाली' की,
जिसको लहू से सींचा उसने
माँ की झोली खाली की।

उलझे पड़े हैं रिश्ते आज तो
'अपने और परायों' में,
मिला हृदय, ऐसा भी जिसने
खाए धोखे अपने सायों में।

निभाईं मर्यादाएँ जिसने
वो 'बीरा' जैसी नारी है,
झेले अनगिन कष्ट भले ही
फिर भी नहीं वो हारी है।

मुझे राजनीति के परिवेश में
साहित्य ही सदा बिखरा मिला,
बस इतना कर सका कि उसको
चुन-चुनकर मैं समेटता चला।

09.02.2020

□

# सृष्टि

सुनो!
कभी सोचा है कि यह सृष्टि
हमें कितना कुछ सिखाती है,
विविध रूपों में प्रतिक्षण
जीवन के रंग दिखाती है।

धरती,
अतुल्य भार समेटे, शांत
सहनशीलता की प्रतिमूर्ति है,
सृजन के गुणों से पूर्ण यह
चराचर जीवों की पूर्ति है।

जाति, धर्म, संप्रदाय से ऊपर उठ
इसने मानवता अपनाई है,
ममत्व भरे अहसासों से
सबकी बगिया पनपाई है।

अंबर,
विराट् स्वरूप, विशाल हृदय सा यह
ऊँचाई के सपने दिखाता है,
उन्मुक्त खुले विचारों के पंख लगा
बहुत ऊँचा उड़ना सिखाता है।

पर्वत,

स्थिर मन, दृढ़ निश्चय, अडिग
उत्कृष्ट सदैव सीना तान खड़ा है,
शोभित मुकुट है धरती का
जिससे सृष्टि का मान बढ़ा है।

नदी,

भावनाएँ द्रवित हों जब
हृदय से पिघलती हैं,
तो प्रेम, सौहार्द और अपनेपन की
मिठास उसमें घुलती है।

अविरल, अथक लक्ष्य को पाना
इन नदियों ने बतलाया है,
बाधाएँ रोड़ा डालें पर
पथ से नहीं पग को भटकाया है।

वृक्ष,

जड़ें गहरी जमीन पर
फिर धीरे-धीरे है बढ़ना,
ऊँचा उठने पर पैरों को
इसी जमीन पर ही रखना।

निस्स्वार्थ प्रेम कर जीवों से
सर्वस्व समर्पण करता है,
जीव-जगत् की खातिर यह
पल-पल अर्पण करता है।

सागर,

मन में गहरे हों विचार
गहराई मोती पाती है,

हलकी लहरें हर बार हमें
एक कोने पटककर जाती हैं।

कितनी विविधता और विशिष्टता
यह सृष्टि अपने में लिये है,
प्राणियों के लिए ईश्वर ने
जिंदगी के सभी आयाम दिए हैं।

सारी सृष्टि हर पल हमको
परमार्थ-भाव सिखलाती है,
जो भी जीता है औरों के हित
उसको ही अमृत कहलाती है।

**11.02.2020**

□

# आतुर शब्द

विचारों की दुनिया में
आतुर हैं शब्द
कागज पर उतरकर
कुछ कह जाने को।

मैंने कहा, सब्र तो करो,
समय तय करेगा कब
किसे और क्यों उतरना है ?

किसे कविता की माला में
पिरोना है,
किसे गजल के अल्फाजों में
भाव भरना है।

कौन मन के अंबर में
कहानियाँ सजाएगा,
कौन अक्षर-अक्षर उपन्यास की
जमीन में बोया जाएगा।

मैंने कहा!
    मैं नहीं चाहता कि तुम्हारी
    उथल-पुथल अस्त-व्यस्त कर दे

मेरे लेखन को,
मैं तो समझता हूँ तुम्हें
कुछ तुम भी समझो मेरे मन को।

बस समयबद्ध, चरणबद्ध,
लयबद्ध और छंदबद्ध करके
मुझे तुम्हें कागज पर सजाना है,
तुम्हारे अर्थों में छिपे भावों को सहेजकर
तुम्हें सार्थक बनाना है।
तुम्हें हर दिल में
मोतियों सा सजाना है।

**18.5.2020**

□

# ‘मेरी मार्गदर्शक’ हैं मेरी चुनौतियाँ

एक साक्षात्कार में यों ही
किसी ने पूछा मुझसे
आप आज जिस मुकाम पर हैं
इसके पीछे किसकी प्रेरणा रही?

कौन आदर्श रहा आपका
जिसको अनुसरण किया,
जिसके दिशा-निर्देशन में
लक्ष्यों को पूरित किया?

अधरों पर धीमी मुसकान लिये
मैंने कहा कि माँ के साथ-साथ
मेरी प्रेरणा तो सदा ही खड़ी चुनौतियाँ रहीं,
वे ही विषमताओं का परिवेश रहीं।

मेरा आदर्श वो ‘संघर्ष’ रहा है
जो सतत मेरे साथ-साथ चलता रहा,
जिसके अनुसार मैं जूझकर
चुनौतियाँ पार करता रहा।
मेरा मार्गदर्शन उन कठिनाइयों ने किया,

जिनको सुलझाते हुए में
जीवन में अहर्निश बढ़ता गया।

मैं अभावों में टूटा नहीं
कुंठा में बिखरा नहीं
बल्कि अपने को तपाया है,
इन्ही अभावों में अपनी उम्मीदों को
जोड़ते हुए मैंने स्वयं का रास्ता बनाया है।

क्या सही, क्या गलत
ये सब मुझे अनुभवों ने ही सिखाया है,
थोड़ा जिद्दी हूँ, ठान लेता हूँ
लक्ष्य की पूर्ति के लिए
स्वयं से अथक काम लेता हूँ।

असल में, मुझे लगता है कि
यदि इन विपरीत धाराओं से
मेरा वास्ता न होता,
तो अपने मन को बचाते हुए मैं
यहाँ तक का रास्ता न पाता।

और हाँ!
अपने मन का जिक्र करना तो रह ही गया
जिसने अकलुषित भाव से
विषमताओं और चुनौतियों में
मुझे संबल दिया है,
दुःख-दर्द के बीच ढूँढ़कर
मुझे खुशियाँ का एक-एक पल दिया है।

मेरा मानना है कि

अच्छा-बुरा तो हर व्यक्ति के भीतर है,
चुनौतियाँ विविध रूपों में निरंतर हैं,
बस
आप किस राह पर क्या लेना चाहते हैं?
घबराकर भागना या फिर समस्या का
सामना कर समाधान चाहते हैं?
सच यही है कि
यह आपको तय करना है।

यही है मेरी जीवन-यात्रा का सच
जिसमें अभावों ने मुझे भाव दिए हैं,
अपने घावों की चिंता छोड़कर
मैंने तो सदा दूसरों के घाव सिए हैं।

**21.5.2020**

□

# पत्थरों के भाव

हम अकसर कहा करते हैं कि
'पत्थर' हृदयहीन और संवेदनहीन का पर्याय है,
कठोर, जड़ और निष्ठुर को
'पत्थर' कहना ही हमारा अभिप्राय है।

किंतु,
मेरा मानना है कि संवेदनहीन को
हम पत्थर क्यों कहें ?
मात्र मूक बने रहना और साँसें न लेना
क्रूरता का प्रमाण तो नहीं।

मैं अकसर सोचता हूँ कि
हम इनसानों की तरह इन पत्थरों का भी
अपना-अपना कर्म होता है,
इन्हीं कर्मों के आधार पर
उनका भी भाग्य लिखित होता है।

तुमने देखा है न!
कि यही पत्थर हमारे घर की
नींव रखते हैं,
इन्हीं से बनी हैं वो दीवारें जिन पर
हम अपने अतीत की तसवीर रखते हैं।

किसी पत्थर ने फैला दीं बाँहें आँगन में
ताकि हमारी मस्तियाँ अपनों के बीच रहे,
पत्थर चिन गए चहारदीवारी में
ताकि हम घर में महफूज रहें।

कहीं हमें मंजिल तक पहुँचाने के लिए
रास्तों पर बिछ गए हैं,
तो कई तो मूर्तियों में ढलकर
मंदिरों में सज गए हैं।

कहीं बूढ़े पत्थरों की वो तपस्वी गुफा है
जहाँ कभी हमारे पुरखों ने साधना की थी,
आज वो ही पत्थर वन्य जीवों का
सुरक्षित ठौर बन गए हैं।

जिन पत्थरों को हम संवेदनहीन कहते हैं,
संकट के समय अकसर
उन्हीं पत्थरों में भगवान् को ढूँढ़कर हम
उसके सामने हाथ जोड़े खड़े रहते हैं।

हमारे घर के चूल्हे में, सिल-बट्टे में
आँगन की ओखली में
अनगिन रूपों में ये पत्थर
रोज हमारे साथ होते हैं।

और हम हैं कि अपने हमसफर को
निष्ठुर की संज्ञा दे देते हैं?
ऐसा करके क्या हम खुद ही
निष्ठुर और पत्थर नहीं होते हैं?

22.5.2020

□

# विश्व मानव

मानव!
सृष्टि को सँवारता
और सृजन के बीज बोता है,
भावनाओं की जमीन पर
संवेदनाओं की खाद देता है।

ये मानव ही है,
जो संसार में ईश्वर का
प्रतिनिधित्व करता है,
जिसके भीतर सृजन और
विध्वंस दोनों की क्षमता है।

मानव ही,
ब्रह्म का अंश है,
जो नित नया सृजन करता है,
इसी में विष्णु का वंश है,
जो मानव जाति का संरक्षण करता है
और आदि शिव का अवतार भी यही है,
जो विषनुमा कष्टों से रक्षा करता है।

मानव के ही,
मस्तिष्क में शिव ब्रह्म बसे
कंठ में शारदा सजे,

भुजाओं में बल हनुमान सा
जिसके बल यह संसार चले।

ये मानव ही,
करुणा में माँ स्वरूप है,
संकट में दुर्गा रूप है,
संहार में काली का रूप तो
सुख में लक्ष्मी स्वरूप है।

किंतु इसके भीतर ही,
आतुर–व्याकुल जब कुविचार
क्रोध बन उमड़ता है,
यही मानव फिर दानव भी
बनकर विध्वंस को अड़ता है।

'स्व' के स्व में ही मानव का सार है
वह चाहे तो ईश्वर कहलाए
या पाए रूप दानव का?
मानव दोनों का ही अवतार है।

ये निर्भर है, सृष्टि के
सर्वशक्तिशाली, सर्वज्ञ और एकमेव
'मानव मन' के ऊपर
जो दूषित हुआ तो दानव कहलाएगा
और अकलुषित रहा तो
'विश्व मानव कहलाएगा।'

**22.5.2020**

□

# संवाद एक ऐसा भी

कई दिनों से शहर की एक
ऊँची इमारत, दूर दिखते
पहाड़ से बतियाना चाहती थी,
उसके मन में खड़े प्रश्नों को जानना चाहती थी।

यूँ तो शहरों में धुँधलाहट इतनी है कि
कभी तो रिश्तों की पहचान भी नहीं होती है,
भागदौड़ भरी जिंदगी में
मन की शांति हर रोज खोती है।

मानव की आकांक्षाओं ने
आसमान को भी धुँधला कर दिया,
चाँद पर पहुँचने की चाह ने
चाँद देखना भी दूभर कर दिया।

लेकिन पिछले कुछेक हफ्तों में
जैसे सबकुछ स्थिर हो गया,
तेजी से घूमता भागा-दौड़ी का चक्का
एकाएक थम गया।

अब इन दिनों आसमान में चाँद तो क्या
तारे भी टिमटिमाते दिखते हैं,

सूर्यदेव अपनी किरणों से
आकाश में इंद्रधनुष बनाते हैं।

अब जाके उस ऊँची इमारत को
पहाड़ नजर आने लगा है,
स्वच्छ, उजली धूप से
शहर भी जगमगाने लगा है।

ऊँची इमारत ने कहा,
पहाड़! तुम सदियों से बदले नहीं
और यहाँ देखो बंजर धरती पर
आलीशान बँगले बन गए हैं।

तुम उन्हीं पेड़-पौधों के रंग में रँगे
सदाबहार रहते हो,
न तुम किसी की बुरी सुनते हो
और न कभी किसी से बुरा कहते हो।

तुम आज भी बीहड़, सुनसान,
दूभर कहे जाते हो,
केवल इन जंगलों से ही आखिर
तुम क्या पाते हो?

मुझे देखो!
मैं किसी कुशल इंजीनियर के
प्रखर दिमाग में उपजी सुंदर तसवीर हूँ,
करीने से सजी ईंटों की
खूबसूरती का प्रतीक हूँ।

मेरी चाहत में लोग
जीवन भर की पूँजी लगाते हैं,
मेरी आलीशान सुविधाओं का सुख
जिंदगी भर उठाते हैं।

मैं अकसर तुम्हारे बारे में सोचती हूँ
कि तुम सदियों से पहाड़ के पहाड़ ही रह गए,
तुम्हारी संतानें मेरे सान्निध्य में आ बसी हैं
और तुम उनके लिए गँवार ही रह गए।

कुछ और कहती ये इठलाती इमारत
इससे पहले ही पहाड़ गरज गया,
'गँवार' सुनते ही जाने क्यों
पहाड़ असहज हो गया।

आँखों से बहते अश्रु पोंछ
वह अपनी बात कहने लगा,
जिनको चलना सिखाया था मैंने कल
आज उन्हीं को खटकने लगा।

अरी ओ!
    छटाँक भरी अभिमानी इमारत
    मेरे हृदय में दबे भावों को न छेड़
    ये उमड़कर यदि सैलाब बन गया,
    तो तुम्हारा अस्तित्व डगमगा जाएगा।

सुन!
    हाँ, मैं पहाड़ हूँ,
    वो पहाड़ जिसने प्रारब्ध से अब तक

सिर्फ तुम्हारे लिए और तुम्हारे भीतर बसे
स्वार्थियों के लिए सोचा है।

मेरे आँचल में लहलहाते पेड़-पौधों ने
न कभी स्वयं के फल खाए हैं,
न कभी खुद की छाँव पाई, न बारिश में बहे,
न चिलचिलाती धूप में जले हैं,
वो अहर्निश तुम सबके लिए ही
सर्दी, गरमी, बरसात में भी जिंदा रहे हैं।

मेरी जलधाराएँ, गाड़-गधेरे, तुम्हारी प्यास
बुझाने के लिए बहते रहे हैं,
मेरे ये विशाल तरुवर
तुम्हें प्राणवायु देते रहे हैं
और तुम इतने निर्लज्ज कि इन्हें बीहड़, सुनसान,
वीरान जंगल कहते रहे।

मेरे हृदय से जनमी नदियों ने
तुम्हारी प्यास बुझाई है,
कंकर-कंकर को पोषित कर
बंजर धरा की उर्वरा शक्ति बढ़ाई है।

ताकि परदेश में तुम्हारा
कंठ तृप्त रहे,
अन्न-धन पाकर तुम्हारा
परिवार संतृप्त रहे।

मेरे हरे-भरे वन तो साक्षात्
शंकर का रूप हैं,

जो आज भी नीलकंठ बनकर
दूषित वायु को स्वयं में लेते हैं
और बदले में तुम्हारी साँसों
के लिए प्राणवायु देते हैं।

ताकि तुम्हें पानी की भाँति साँसों के लिए
बाजार न जाना पड़े,
क्योंकि तुम्हारे बाजारों में
सबकुछ मिलता है,
किंतु साँसें नहीं मिलतीं।

मेरा अपनी जड़ों से जुड़े रहना
तुम्हें गँवारपन लगता है,
सुन! संस्कार लेकर परोपकार करके और
निस्स्वार्थ जीना ही मेरी सभ्यता है।

हाँ, यह बात सही है कि मैंने
कभी स्वयं का बखान नहीं किया,
जिसने मुझे समझा, जाना और माना
उसे मैंने आजीवन प्यार दिया।

तुम चार गज की जमीन पर
रईसी में इठलाती हो?
मेरी अतुल्य संपत्ति का
परिहास उड़ाती हो?

तुम्हें शायद नहीं मालूम,
जब तुम्हारे बंद कमरों में
मानव घुटन महसूस करता है,

दो पल सुकून से जीने के लिए
वह रुख मेरी ओर ही करता है।

जब ईर्ष्या और प्रतिस्पर्धा की जंग से
थककर, हारकर वह टूट जाता है,
जब खुद-ही-खुद से रूठ जाता है
तो यहीं मेरे पास आकर
हताश-निराश आदमी
नया जीवन पाता है।

और हाँ,
ईश्वर को सच्चे मन से जब कोई पुकारता है
तो बरबस ही मेरी ओर खिंचा चला आता है,
मेरी धरती में ही वह अध्यात्म और
ईश्वर दोनों को पाता है।

यह बात अलग है कि
मेरा पानी और जवानी
कभी मेरे काम नहीं आई,
किंतु मुझे गर्व है कि
फिर भी मेरे मन में कभी ईर्ष्या नहीं समाई।

मैंने परहित जीने का
संकल्प जो लिया है?
यही कारण है कि मैं
अपने वचन से बँधा सन्नद्ध हूँ,
शांतभाव से मानव जाति की
रक्षा के लिए कटिबद्ध हूँ।

पहाड़ को सुनते–सुनते
ऊँची इमारत ग्लानि से भरकर शरमा गई,
इसी पहाड़ की बदौलत जिंदा है वह
यह बड़ी बात उसे समझ आ गई।

22.5.2020

□

# घर एक मंदिर

हमने किताबों में अकसर पढ़ा था
कि घर एक मंदिर होता है।
सिनेमा के संवादों में भी ऐसा
यदा-कदा यही बार-बार सुना था।

लेकिन,
व्यवहारतः मुझे यह देखने को न मिला,
किसी घर में भगवान् नहीं दिखा
तो कहीं भक्त ही नहीं मिला।

ईंट, पत्थर, रेत और मिट्टी से
दीवारें खड़ी कर हम
एक मकान तो बना सकते हैं,
किंतु उसे घर बनाने के लिए तो
न जाने कितने जतन करने पड़ते हैं।

उस मकान में जब
बुजुर्गों की छत्रच्छाया होती है,
माँ के प्यार की झप्पी
और उसके ममत्व की माया होती है,
पिता के संरक्षण में बँधी

खुशियों की दुनिया होती है।
भाई-बहन की शरारतें और
दिन भर की मस्तियाँ होती हैं,
एक-दूसरे के लिए प्यार,
सम्मान, सहयोग
और मर मिटने की भावना होती है।

तो सच में,
वह घर मंदिर हो जाता है,
जहाँ माता-पिता के रूप में
भगवान् को पूजा जाता है।

जहाँ बच्चों की रक्षा के लिए
बड़े सदैव तत्पर रहते हैं,
उनकी खुशियों के लिए
दिन-रात खपते हैं।

उनकी इच्छा, अपेक्षा और जरूरतें
व्यक्त होते ही पूर्ण करते हैं
और संकट के समय ढाल बनकर
मौत से भी जमकर लड़ते हैं।

किंतु ऐसा मंदिर मुद्दतों से
कहीं नजर नहीं आया,
किसी घर से भगवान् ने मुँह मोड़ा है
तो कहीं भक्तों को ही
भगवान् रास नहीं आया है।

इसलिए,

तथाकथित आधुनिकता ने एकाकी होते
घर को फिर से मकान बना दिया है,
कोई मकान खँडहर बनकर
जमीन में ढह गया है
और हमेशा के लिए
केवल इतिहास रह गया है।

किंतु इन दिनों,

देख रहा हूँ मैं कि
इन खँडहरों के जाले झड़ने लगे हैं,
रंग-रोगन से मकान सँवरने लगे हैं,
लोग घरों को लौटने लगे हैं।
कोरोना व्याधि ने 'आधुनिकता' को
घुटनों पर ला दिया है,
वही संस्कार फिर से याद दिला दिए,
जिन्हें हमने भुला दिया है।

कई दशकों बाद
सूने आँगन में दादी-दादा
अपने पोती-पोतों संग खेलने लगे हैं,
धीरे-धीरे घर भी
मंदिर से लगने लगे हैं।

**23.5.2020**

□

# चूल्हे की आवाज

एक रोज मैं पुराने घर के भीतर
कुछ चीजें ढूँढ़ रहा था,
अचानक मेरी नजर कोने में
घास-फूस से दबे चूल्हे पर पड़ी।

मैं ठिठक गया, कुछ अजीब सा
महसूस हुआ;
मैं उस ओर बढ़ चला
पास पहुँचकर चूल्हे को छुआ।

मैंने उस पर पड़ी घास-फूस हटाई
उसकी खुशबू मेरा बचपन खींच लाई;
सच कहूँ, अनायास ही
मुझे बरबस माँ की याद आई।

मैं बैठ गया उसी कोने में
जहाँ बचपन में अकसर बैठा करता था,
माँ रोटी पकाती थी और मैं
वहीं बैठकर खाया करता था।
मैं प्यार से चूल्हे को
सहलाता रहा

और देर तक हम दोनों में
मूक संवाद चलता रहा।

वह बोला,
तुम आओगे एक दिन मेरे पास
इसी पल का मुझे इंतजार था,
बरसों से अपनी व्यथा सुनाने को
मैं बहुत बेकरार था।

अब आए हो तो,
मेरी बात सुनते जाना,
मेरा संदेश इस घर के
और लोगों को भी दे देना।

कहना कि मैं,
आज भी हर संग्राद पर
उन्हें याद करता हूँ;
बार, त्योहार पर तुम्हारे आने की
उम्मीद में आहें भरता हूँ।

उन्हें याद दिलाना,
कि कैसे मैं बरसों पहले
सबका चहेता हुआ करता था,
मेरी रोशनी से उन सबका
चेहरा कैसा खिला रहता था।

उनसे कहना कि
मैं हर पूस, माघ में
आज भी अपने को घिरा महसूस करता हूँ,

कितने कहानी–किस्से सुनाए तुमने
उन्हीं यादों के सहारे मैं जिंदा हूँ।

कहना कि
जब तुम लाल मिट्टी से लीपकर
मुझे खूबसूरत बनाते थे,
कैसे बिना नहाए मुझे छूने पर
माँ की डाँट खाते थे।

आज याद करता हूँ तो
यकीन नहीं होता
कि इस पूरे मकान का
सबसे पवित्र हिस्सा मैं हुआ करता था,
जिसके चारों ओर बैठकर तुम लोगों में
हर कहानी–किस्सा जीवंत हुआ करता था।

मेरी शुचिता, स्वच्छता के साथ
कोई समझौता नहीं करता था,
घर में बने अन्न पर
प्रथमेव मेरा अधिकार था,
खुश रहता था मैं भी
जब भरा–पूरा परिवार था।

और हाँ,
अंत में मेरी यह बात जरूर कह देना
कि मैं तब तुम्हारे लिए
जलकर, तपकर, धधककर भी
स्वयं पर गर्व महसूस किया करता था,

तुम्हारे भरपेट भोजन के लिए
मेरा पेट राख और अंगारों से भरता था।

और आज,
एक कोने पर निस्तेज
निपट सूनापन लिये
इस वीरान मकान में
बीती यादों के सहारे अपने दिन गिनता हूँ।

न जाने कब, जर्जर भवनों के नीचे
दबकर जमींदोज हो जाऊँ,
इसलिए बस यही अंतिम इच्छा थी कि
जीवन में तुमसे एक बार मिल पाऊँ।

मैंने वर्षों तक
तुम्हें नाजों से पलते हुए देखा है,
अपने भीतर जलती आग में तुम्हारे लिए
दूध को उबलते देखा है।

इसलिए तुम्हारी खुशियों की सदा
मुझे परवाह रहती है,
तुम जहाँ भी रहो, खुश रहो
मेरे हृदय से निकली हर दुआ
बस यही कहती है।

'बस कर माँ!'
कहकर मैं फफककर रो पड़ा,
लिपट गया उससे, चूमता रहा उसे
मेरी भावनाओं का ज्वार उमड़ पड़ा।

न जाने कितनी देर तक हम दोनों
यों ही एक-दूसरे का 'खुद' मिटाते रहे,
एक-दूसरे की यादों को हृदय में
सिमटाते और उलटते रहे।
चलो देर दो गई!
　　　　एक आवाज बाहर से आई,
　　　　चूल्हे की मिट्टी मुट्ठी में दबा
　　　　मैंने एक चुटकी अपने माथे पर लगाई।

अब,
मैं चूल्हे की माटी साथ ले आया,
पीछे मुड़कर देखा तो
चूल्हे को भी मुसकराते पाया।
आज ऐसा लगा
मानो माँ को ही साथ ले आया हूँ;
बरसों बाद पहली बार
ऐसा सुकून मैं फिर से पाया हूँ।

**23.5.2020**

□

# भोर की किरण

ऊँची पहाड़ियों के शीर्ष पर
प्राची से उजली सी लगती है,
उदित होते सूर्य की पहली किरण
हीरे सी चमकती है।

भोर की ये किरण
दैवीय गुणों से परिपूर्ण
जीवन में प्राणों का
संचार करती है।

गहरी नींद से जगे, अलसाए मन को
नए दिन का संदेश कहती है।

यह पहली किरण जब श्वेत
बर्फ की चोटियों पर पड़ती है,
तो क्षण भर के लिए सुनहरा कर
उन्हें अलौकिक करती है।
सौंदर्य बढ़ाते हुए यह किरण
जब पहाड़ी से उतरती है,
गूँज उठती हैं वादियाँ, घने जंगलों में
जीवों में उल्लास–उमंग भरती है।

शीतल पवन के झोंकों के साथ
पंछियों के संगीत सुनते–सुनते
जब भोर की यह किरण
मेरे गाँव पहुँचती है,
आँखें मलते नन्हे बच्चों की
खिलखिलाती हँसी और गालों की लालिमा देख
यह भी झूम उठती है।

चमक उठता है गाँव मेरा
चहक जाते हैं खेत–खलिहान
धारे, मंगरे और वो गाँव पार की धार
और देवी का मंदिर
घंटे–घड़ियालों की नाद से
गूँज उठता है।

औषधीय गुणों से युक्त
कितना कुछ है इसमें
नवजीवन, नवसंचार सहित
हर दिन का आरंभ है,
भोर की यह पहली किरण
दिव्यता, भव्यता लिये
एक नए जीवन का प्रारंभ है।

**24.5.2020**

□

# जीवन के मंत्र

मन में पहाड़ के प्रति अगाध आस्था
और हृदय में अनन्य प्रेम लेकर
बस यही चाहता हूँ कि जब भी जन्म लूँ,
पहाड़ों की हरी-भरी गोद में लूँ।

मैं जब भी खोलूँ अपने अंतर्मन के चक्षु
तो सामने चाँदी से चमकते उन्नत पर्वत हों,
मेरे आँगन में रंग-बिरंगा बसंत हो
और सद्भावना का नीला आकाश अनंत हो।

मैंने 'स्व' के अंतस में सदैव
पहाड़ को जिया है,
मेरे अतुल्य पहाड़ ने मुझे
सबकुछ दिया है।

उसने मुझे चरित्र दिया,
स्वाभिमानी होकर
ऊँचा उठकर कभी न गिरने की
'समझ' को मुझमें रोपित किया,
अपने हित-अनहित परखने को
मन मेरा जाग्रत् किया।

मैं पहाड़ में पहाड़ को देखकर
पल–पल बड़ा हुआ हूँ,
उसके धैर्य और जीवटता को देख
मैं लड़खड़ाकर भी फिर खड़ा हुआ हूँ।

मैंने कठोर आवरण के भीतर
मोम सा पिघलता पहाड़ देखा है,
कड़े अनुशासन की खोल में
भावुक मन को सँभालना उसी से तो सीखा है।

पहाड़ के हृदय से द्रवित
नदियों का अविरल प्रवाह मेरा आदर्श बना,
सतत संघर्ष में निरंतर बढ़ना
मेरे जीवन का ध्येय बना।

पहाड़ के आँचल की उर्वरा भूमि में
गगनचुंबी वृक्षों ने जो मंत्र दिया,
आसमान छूने पर भी पैर जमीन पर रखना
इसी ने मुझे सिखा दिया।

ऊँचे पहाड़, गाड़–गधेरों, झरनों
हरे–भरे खेतों ने मुझे कवित्व–भाव दिया है,
सच में, मेरे पहाड़ ने मुझे
सबकुछ भरपूर दिया है।

देवों की भूमि में तप की सिद्धि
और अध्यात्म की प्रेरणा मिली,
सुरम्य वादियों की तरह मेरे भी
जीवन की हर कली खिली।

मैं ऋणी हूँ पहाड़ तेरा
जो तूने मुझे ये प्यार दिया,
तेरी मिट्टी में रची-बसी अनंत
अशेष खुशियों का संसार दिया।

25.5.2020

□

# संस्कार ही संस्कृति

जन्म लेते ही हमें कुछ
आदतें सिखाई जाती हैं,
अच्छी–बुरी बातों की
परिभाषाएँ पढ़ाई जाती हैं।

शनैः–शनैः बढ़ता शिशु
अपने परिवेश की पाठशाला में
जब जीवन को पढ़ता है,
आसपास के आचार–विचार
और व्यवहार से
अपने ढंग की
विचारधारा गढ़ता है।

शिशु में रोपित ये विचार
उसकी आदत बन जाते हैं,
आदत रोज–रोज दोहराकर
संस्कार बन जाते हैं,
और दीर्घकाल तक जिंदा ये संस्कार
हमारी संस्कृति कहलाती है,
सृजन की क्षमता से युक्त संस्कृति
प्रकृति का पर्याय है,

विध्वंस, अनाचार और वैमनस्यता
विकृति के अध्याय हैं।

इसलिए यह आवश्यक है कि
अच्छे विचारों से युक्त अच्छी आदतों से
हम संस्कारों को विकसित करें,
ताकि ये संस्कार,
संस्कृति का द्योतक बनकर
प्रकृति का श्रृंगार करें,
और श्रृंगारयुक्त प्रकृति वाला मानव
विश्व का कल्याण करे।

**25.5.2020**

□

# आँगन में था एक ओखल

घर के आँगन में जमी घास
कह रही थी कि बरसों से
इस घर में कोई
आया नहीं है।

एक कोने पर कीचड़ से लबालब
भरे ओखल की सुध लेनेवाला
भी कोई नहीं है।

वो ओखल,
    जिसके बिना कभी हमारा
    जीवन संचालित नहीं होता था,
    जिसके चारों ओर हँसी-ठिठोली में
    हमारा दिन गुजरता था।

धान को कूट कर इसी ने
खाने योग्य बनाया;
सफेद मोती सा चमकता चावल
हमने ओखल से ही पाया।
सुबह-शाम को हर आँगन में
ढोल के थाप सी लगती वो आवाजें,

इकराते, दोहराते चावलों की
छुप्प-छुप्प करती वे साजें।

ये धम्म-धम्म, ये छुप्प-छुप्प
संपन्नता का संगीत सुनाती थी,
अन्न और धन से परिपूर्ण रहे हर घर
यही साज सजाती थी।

असूज, कार्तिक, मंगसिर में
आधी रात तक घमघमाते ये ओखल
च्यूड़े-खौजों की समोण
तैयार किया करते थे,
हाथों में पड़ते छालों और उठते दर्द की
हम परवाह कभी भी नहीं करते थे।

नए अनाज की नई समोण
तब हर घर-गाँव, रिश्ते-नातों में
पहुँचती थी,
च्यूड़ों की खुशबू दूर परदेश में भी
महकती थी।

शादी के दिन
पहाड़ों में हल्दी हाथ की रस्म
ओखल में ही सुहाती है,
कच्ची हल्दी की गाँठें, बाँद, राडू
समोया की खुशबू
आज भी हमें महकाती है।

किंतु आज!

हम विकासशील हो गए हैं,
पारंपरिकता को छोड़ आधुनिक हो गए हैं,
हमें हाथों से कुटे चावल के लिए
फुरसत ही नहीं है;
डीजल की चक्की तो है न?
तो ओखल की अब जरूरत ही नहीं है।

हम 'मजबूरी' में ही सही
प्रकृति के उपहारों को ठुकराते जा रहे हैं,
प्राकृतिक व्यायामों के बदले
'जिम' को अपना रहे हैं।

न जाने क्यों,

मेरे मन में बार-बार यह आता है
कि जब हम आधुनिकता की धूप से
झुलसने लगेंगे,
तो वापस इन्हीं पहाड़ों की ओर रुख करेंगे।

और फिर,

आबाद होगा यही ओखल
जिसमें आज कीचड़ झाँक रहा है,
जो बरसों से आँखें खोले
हम सबकी राह ताक रहा है।

**26.5.2020**

□

# धधकते जंगल

मेरे शांत, हरे-भरे पहाड़ में
ये कोहराम किसने मचाया?
किसने मेरी धरा को
धू-धू कर जलाया?

किस अपराध की सजा में
ये आग लगाई?
अरे निष्ठुर! तुम्हें
इन जीवों पर दया भी न आई?

आकाश से बरसती अग्नि क्या कम थी,
जो जमीन को भी सुलगा दिया?
हाय! तुमने ये कैसा जुल्म
निरीह जानवरों पर ढा दिया?

अनगिनत पंछियों ने पेड़ों की चोटी पर
अपना घरौंदा बनाया था,
अपने बच्चों की परवरिश का
सुरक्षित स्थान यहीं पाया था।

लेकिन तुम्हारी मूर्खता की धधकती लपटों ने
क्षण भर में उन्हें भस्म कर दिया;
चहचहाते पक्षियों के परिवार को तुमने
पल भर में खत्म कर दिया।

बिलख गई वो माँ जो
भोजन की तलाश में अपने बच्चों को
घोंसले में सुला आई थी,
वापस आकर उसने केवल धुआँ और
धधकती आग ही पाई थी।

अब किस अर्थ जिएगी वह
फड़फड़ाकर निढाल हुई,
तुम्हारी सुनियोजित विभीषिका में
देखते-ही-देखते राख हुई।

दहाड़ें मारकर दौड़ती आग
आमादा है सबकुछ खाक करने को,
कुछ पंछी उड़कर गाँवों की ओर भागे
कुछ रह गए अपनी माटी में मरने को।

वर्ष भर ये प्रकृति तुम्हारे लिए
स्वयं का श्रृंगार करती है,
और तुम्हारी अज्ञानी स्वार्थी सोच
प्रकृति का संहार करती है।

खैर, ये सब तुम्हें, कहाँ समझ आएगा ?
तुम्हें मालूम है ये सब
फिर सामान्य हो जाएगा।
सृजन का मौलिक गुण लिये
प्रकृति पुनः नवनिर्माण करेगी,
हमेशा की तरह तुम्हें माफ करके
फिर से तुम्हारी पालनहार बनेगी।

27.5.2020

□

# संघर्षों से क्यों घबराना

भले ही किसी के लिए अभाव
गरीबी का दंश और
संघर्षों की श्रृंखला
दुःखदायी और वेदना सी लगती हो।

इन्हीं का रोना रोकर
किसी को जिंदगी
बोझिल सी लगती हो।

लेकिन मुझे,
ये अभाव और संघर्ष
हमेशा से जीना सिखाते हैं,
जीवन सुख–दुःख की मिश्रित भूमि है
यही मंत्र गुनगुनाते हैं।

मैंने अपने जीवन को इन्हीं
संघर्षों की छैनी, हथौड़ी से तराशा है,
इसलिए संतुष्ट हूँ मैं अपने जीवन से
इसमें न कोई कुंठा है और न ही निराशा है।

मेरे लिए ये दुःख और अभाव
संभावनाओं में बदल गए,

आड़े आते रोड़े बिछकर
रास्तों को समतल कर गए।

मैंने प्रेरणा ली उस गुलाब से
जो काँटों के बीच भी
खिलखिला रहा था,
कीचड़ में उगते उस कमल से
जो प्रफुल्लित मुसकरा रहा था।

मैंने जीवन जीना सीखा इस धरती से
जो बुराई को समाकर खुद में
फसलों को उगाती है,
अन्न–धन की वर्षा करके
सृष्टि के जीवन को सरसाती है।

मैंने अविरल नदियों के प्रवाह से
बढ़ने की निरंतरता को पाया,
अहर्निश, निश्छल, परहित, समर्पित
मैंने जीवन का लक्ष्य बनाया।

मैंने उस अचल पहाड़ को निहार
अपना स्वाभिमान पहचाना,
घात–प्रघात को सहकर भी
गर्व से सदैव अपना सीना ताना।
विषमता को अनुकूल बनाते
मैंने झरनों को देखा है,
चोटी से नीचे आकर भी
धैर्य रखना सीखा है।

मैंने प्रकृति माँ की गोदी में
प्रेम, सौंदर्य और वात्सल्य पाया है,
विध्वंस की राहों में भी मैंने
सृजन का नया संसार रचाया है।

मैं प्रकृति से जुड़ा हूँ,
प्रकृति के पास रहकर
प्रकृति में ही जीता हूँ।

इसलिए,
तमाम बाधाओं और चुनौतियों के
बीच भी विकृति से दूर रहकर
सृजन के नए बीज बोता हूँ।

**27.5.2020**

□

# समृद्ध पहाड़

समृद्ध पहाड़ की
समृद्ध परंपराएँ रही हैं,
'अतिथि देवो भव' की
उदात्त भावनाएँ रही हैं।

गाँव में पहुँचा राहगीर भी
कभी भूखा नहीं जाता,
शहरों की तरह उसे कभी
नजरअंदाज नहीं किया जाता।

अतिथि–सत्कार में कभी
अमीर–गरीब का भेद नहीं आया,
प्रेम और अपनेपन की महक को
हमने सभी घरों में पाया।

गाँवों में प्रकृति–पूजन की परंपरा
आज भी अनवरत जारी है,
दुलहन के हाथों धारा–पूजन की
रीत बड़ी ही न्यारी है।
यहाँ धान की रोपाई भी
किसी त्योहार की तरह मनाई जाती है,

पानी से भरे खेतों में हरी पौध
ढोल–दमाऊ की थाप पर रोपी जाती है।

गाय, भैंस के पहले दूध, दही, घी को
'बदाण देवता' को चढ़ाया जाता है,
वर्ष भर सुख–समृद्धि के लिए
उसी का भोग लगाया जाता है।

चैत्र के महीने की 'अयांर पुजाई' में
जब जंगलों में वृक्षों को पूजा जाता है,
बच्चों के लिए तो यह दिन
अनूठा कौतूहल लेकर आता है।

नववर्ष में देहरी पर फूल डालकर
नौनिहाल दिन की शुरुआत करते हैं,
शुभमंगल गीतों को गाकर
सुख–समृद्धि की कामना करते हैं।

पहली फसल का भोग
'भूम्याल' को चढ़ाया जाता है,
गाँव की सुरक्षा की खातिर
मूल्य चुकाया जाता है।

आषाढ़ की भीषण गरमी में
पूरे गाँव में 'सारू' चलाया जाता है,
गाँव में आरोग्यता, खुशहाली का
दीपक जलाया जाता है।

बसंत पंचमी पर चारों ओर खिले फूल
झूमेला चौंफला लगाते हैं,

आपसी प्रेम बाँटकर तिल–गुड़ से
सबका मुँह मीठा कराते हैं।

देवों की भूमि में आज भी
देवता जाग्रत् भाव में आते हैं,
बारह महीनों के बारह त्योहार
मेरे पहाड़ में मनाते हैं।

इस प्रकार जीवन का पर्व
हँसी–खुशी हम मनाते हैं;
जो पहाड़ हमारा जीवन बना
उसका ऋण हम चुकाते हैं।

**28.5.2020**

□

# जल ही जीवन

तुमको पुकारे ये पंछी गगन से
पुकारे तुम्हें ये धरा,
एक बूँद जल की है अमृत के जैसी
इसको बचा ले जरा।

सृष्टि ने जल से ही जीवन को पाया
है जल को कहा देवता,
जल के लिए खपे थे भगीरथ
ये तू क्यों नहीं सोचता?

नदियों का रक्षण, पौधों का रोपण
जाने कहाँ खो रहा?
एक बूँद जल की है, अमृत के जैसी
इसको बचा ले जरा।

जल से ही जीवन है, जल से ही जंगल—
जमीन, और है जल से जहाँ,
क्यों भूल जाते हो जल बिन तो
एक पल भी जी न सकोगे यहाँ!

अपने ही हाथों अपने ही कल का
गला घोंट तू क्यों रहा?

एक बूँद जल की है अमृत के जैसी
इसको बचा ले जरा।

तुम आज जल को बचाओ
समय से सँभल जाओ न ?
चेतावनी तुम्हें जो प्रकृति ने दी है,
उसी से समझ जाओ न !

ईश्वर का ही एक वरदान जल है
इसे भूल तू क्यों रहा ?
एक बूँद जल की है अमृत के जैसी
इसको बचा ले जरा।

आओ सभी मिलकर संकल्प लें हम
बहाएँगे न व्यर्थ जल,
वसुधा के हर प्राणी और जीव का हम
मिलकर बचाएँगे कल।

सोने की चिड़िया चहकती रहे वो
महकती रहे यह धरा,
एक बूँद जल की है अमृत के जैसी
इसको बचा ले जरा।

तुमको पुकारे ये पंछी गगन से
पुकारे तुम्हें ये धरा,
एक बूँद जल की है अमृत के जैसी
इसको बचा ले जरा।

□

# वृक्षों की ताकत

धरती को सजाएँगे,
वृक्षों को लगाएँगे,
अपने इस जीवन में
एक पुण्य कमाएँगे।

पेड़-पौधों को पूजा है,
ऋषि-मुनियों ने ध्याया है,
वृक्षों की महिमा को
वेदों ने भी गाया है।

ईश्वर की विरासत को
हम आगे बढ़ाएँगे,
अपने इस जीवन में
एक पुण्य कमाएँगे।

वृक्षों की ताकत से
आसमान बरसता है,
आसमान बरसने से
जीवन भी पनपता है।

इस मंत्र को दुनिया में
हम सबको समझाएँगे,
अपने इस जीवन में
एक पुण्य कमाएँगे।

वृक्षों के कटानों ने
हाहाकार मचाया है,
सैलाब बुलाया है,
धरती को कँपाया है।

अब तक जो हुई है भूल
हम उसको सुधारेंगे,
वृक्षों को लगाएँगे,
धरती को सजाएँगे।

संस्कृति कहे एक पेड़
सौ पुत्रों के जैसा है,
संतान है और जैसे हम
यह भी बिल्कुल वैसा है।

अपने बच्चों सा हम
इन वृक्षों को पालेंगे,
वृक्षों को लगाएँगे,
धरती को सजाएँगे।

□

# मेरे गाँव की धारा

बांज, बुरांस की घनी छाँव में
इन्हीं पेड़ों की जड़ों में उद्गमित
जल की छोटी-छोटी बूँदों की
धार बनती है।

प्रकृति की अनुमति पर
ये धार धरती के भीतर
रिस-रिसकर छन-छनकर
निज पथ का निर्माण करती है।

धरती में समाए गुणों को
स्वयं में आत्मसात् करते हुए
ये धार जीव-जगत् के कल्याण के लिए
प्रस्थान करती है।

गाँव के पास आकर यह जलधारा
धरती को चीर जब बाहर निकलती है
प्रकृति के वरदान स्वरूप
तब अमृत धार बनती है।

यही जलधारा मानव के
प्यासे कंठ को तृप्त करती है,
जीवनोपयोगी तत्त्व
उसमें भरती है,
पशु-पक्षी के जीवन का अभिन्न हिस्सा बन
पूरे गाँव को सिंचित करती है।

प्रकृति के इस उपहार की
हम पूजा करते हैं,
पत्थर पर गणेश उत्कीर्ण कर
पुष्प इसके शीर्ष पर रखते हैं।

हालाँकि,
दिन भर ठसाठस भरे रहनेवाले
ये धारे, ये पंदेरे अब वीरान हो गए,
कई किस्से-कहानियाँ, रूठना-मनाना
हँसना-हँसाना सब गुमनाम हो गए।

लेकिन,
अहर्निश, अविरल बहता ये धारा आज भी
गाँव की ताँबे की गागर को याद करता है,
अपने इर्द-गिर्द जमी हरी काई और
फिसलते पत्थरों से उसकी बात करता है।

उसे भरोसा है कि
फिर वह गागर में समाकर
स्वयं को अमृत बनाएगा,

व्याधि से त्रस्त मानव का
अमूल्य जीवन बचाएगा।

इसलिए,
वह अविरल बहते हुए
आज भी तुम्हारी बाट जोहता है,
आज भी वह उतना ही शीतल है
और उसका जल मीठा-मीठा होता है।

**29.5.2020**

□

# सृजन का नवगीत

चारों तरफ खामोशियाँ हैं,
घुटते मन की सिसकियाँ हैं,
जो कभी सोचा नहीं
उस वक्त की दुश्वारियाँ हैं।

धैर्य धरकर जंग को हम जीत जाएँगे,
सृजन का नवगीत गाएँगे,
एक नया भारत बनाएँगे।

हैं भले कठिनाइयाँ
रखनी हमें हैं दूरियाँ,
तपती धरती पर चलीं
घर वापसी मजबूरियाँ।

धधकते उद्गार को हम शीतलता देंगे,
सृजन का नवगीत गाएँगे,
एक नया भारत बनाएँगे।

हो भले टूटा कोई
चाहे रहा रूठा कोई,
समय के इस गरल को
मजबूरी में घूँटा कोई।

नीलकंठ बनकर
शंकर सी रीत पाएँगे,
सृजन का नवगीत गाएँगे,
एक नया भारत बनाएँगे।

जो अभी है एक दिन
वो भी कहीं इतिहास होगा,
मनुजता की शौर्य-गाथा का
नया इक विश्वास होगा।

जीतते आएँ हैं हम,
फिर जीत जाएँगे,
सृजन का नवगीत गाएँगे,
एक नया भारत बनाएँगे।

टूटना हमको नहीं है
भागने को कहना नहीं,
अवसाद के इस वक्त को
ताउम्र है रहना नहीं।

जीवन में उल्लास का संगीत भर जाएँगे,
सृजन का नवगीत गाएँगे,
एक नया भारत बनाएँगे।

09.6.2020

□

# प्रेम

प्रेम,
जिसने विविध रूपों में
जिंदगी को सजाया है,
एक प्रेम ही तो है,
जो भेद नहीं करता कि
यह अपना है या पराया है।

यह प्रेम छलक उठता है
माँ के वात्सल्य स्वभाव में,
यह खामोशी से बैठ जाता है
पिता के गंभीर प्रभाव में।

प्रेम की, प्रेम के लिए
नई-नई परिभाषाएँ गढ़ी गईं,
कोई गजलों तो कोई शायरी में ढलीं
तो कई गोकुल की गलियों में पढ़ी गईं।

प्रेम सदैव निस्स्वार्थ और
समर्पण की पराकाष्ठा में जीता है,
प्रेम बिना तो प्रत्येक मानव
संपूर्णता में भी निपट रीता है।

मर–मिटने की जिद जब
प्रेम की परीक्षा लेती है,
तब हर रूप में प्रेम ने अपनी
कुरबानी की अमिट गाथा लिखी है।

प्रेम का असीम आनंद, अनंत उल्लास
और अद्‍भुत अनुभूति
जीवन को प्रतिक्षण जीवंत बनाती है।
इसी प्रेम की शक्ति सौहार्द,
त्याग और सहनशीलता देकर
मानव को अरिहंत बनाती है।

11.8.2020

□

# मित्र

हुआ घटित जो इतिहास में
हमें दिया ज्ञान जो दिव्य जनों ने,
क्या हम उस ओर बढ़ रहे
जो दी निशानी उन पदचिह्नों ने।

गौरवशाली ग्रंथों में श्रीकृष्ण
और सुदामा का जीवन-दर्शन है,
राजा-रंक की आत्मा में
दिव्य मैत्रीय संबंध है।

जब द्वारिकाधीश के द्वार पर
बालसखा सुदामा खड़ा रहा होगा,
नंगे पैर दौड़कर गले मिले होंगे कृष्ण
कैसा दुर्लभ क्षण रहा होगा!

दीन-दुःखी दरिद्र सुदामा
स्वाभाविक सकुचाते रहे
और त्रिलोकीनाथ उन्हें हृदय से
लगाने को अकुलाते रहे।

धरती–अंबर झूम उठे सब
बालसखा का मिलन हुआ,
परममित्र की परिभाषा का
एक नया ही चलन हुआ।

भाव के भूखे कान्हा ने
मित्र का मान बढ़ाया था,
राजा ने एक रंक मित्र को
अपने सीने से लगाया था।

स्वार्थ की सीमाओं से परे जो
प्रेम की परिधि में पले,
दुःख तारण में जो सहयोगी हो
ऐसा कोई मित्र सबको मिले।

**12.8.2020**

□

# सन्नाटे में शब्दों का शोर

मध्य रात्रि का सन्नाटा
बाहर निन्यारों का संगीत
और ठंडी हवाएँ
मेरी डायरी के फड़फड़ाते पन्नों की आवाजें
मुझे और मेरी लेखनी को पास ले आती हैं।

हम दोनों की जुगलबंदी
जब कागज की जमीन पर होती है,
तो मन में उमड़ती भावनाएँ
कागज पर उतरने को आतुर होती हैं।

मैं कहता चला जाता हूँ
और लेखनी लिखती चली जाती है,
इस खूबसूरत समय को
सदैव के लिए जिंदा कर जाती है।

मैं आसमान में चमकते
चाँद को देखता हूँ,
वह टुकुर-टुकुर मुझे देख रहा है,
चाय की चुस्कियों के संग
वह भी मेरा साथ दे रहा है।

गहराती रात और
चाँद की गश्त
मेरी नींद को दूर कर,
मेरे विचारों के प्रवाह का
सुंदर परिवेश बनाते हैं।

मुझे बहुत भाता है यह सन्नाटा
जहाँ मैं निश्चिंत होकर
रचनाएँ रच सकता हूँ,
अकसर कागज और कलम के साथ
मैं पूरी-पूरी रात जगता हूँ।

सन्नाटा बाहर का हो तो
आदमी भीतर की बात सुनता है,
सच यही है कि हर रचनाकार
सन्नाटे में ही रचनाएँ बुनता है।

**13.8.2020**

□

# आत्मसंतुष्टि

समाज बदलना, विचार बदलना
और चलना धारा के विपरीत,
आसान नहीं होता
लहरों को मोड़ना,
कठिन है बहुत
इसके लिए कई बार
अपने से भी होता है लड़ना।

जब मैं कुछ अलग करता हूँ
तो समाज मेरी ओर पत्थर उछालता है,
मुझे घेरने का कोई-न-कोई
कारण तलाशता है;
लेकिन मैं सहेजकर रख लेता हूँ
इन पत्थरों को,
ताकि समय पर रास्ता बनाने में
ये सब मेरे काम आएँ।

तानों की कटु बारिश को भर लेता हूँ
मैं अंजलि में अपनी,
ताकि एक घूँट में ही
गले से नीचे उतर जाए।

बरसों से पड़ी बंजर धरती को खोद रहा हूँ,
ताकि आशाओं की खाद में
मेहनत की फसल फल जाए।

बना रहा हूँ रास्ता सदियों पुराने
झाड़-झंखाड़ को उखाड़कर
ताकि आनेवाला इस खूबसूरत राह पर
निर्भीक होकर चल पाए।

सँजो रहा हूँ इतिहास के पन्नों को,
ताकि कोई हमारा गौरवशाली अतीत
कभी-न-कभी पढ़ पाए।

लिख रहा हूँ इन लंबे रास्तों के संघर्ष को,
ताकि ठोकर खाता इनसान
इन रास्तों पर सँभल पाए।

हालाँकि मेरे विरुद्ध
षड्‍यंत्रों का साया भी पलता रहा है,
मेरी परछाई की तरह यह
मेरे साथ-साथ चलता रहा है,
फिर भी मैं निर्भीक सतत चलता रहा।

मन तो मेरा भी करता है कि
शिकायतों का पिटारा
ईश्वर को दिखाया जाए,
लेकिन मैं डरता हूँ कि कहीं भाग्य भरोसे
मेरा पुरुषार्थ औंधे मुँह न गिर जाए।

बस, इसलिए,

धाराओं को अनुकूल बनाकर
स्वयं पतवार चलाई है सदा मैंने,
ताकि मेरा मन 'आत्मसंतुष्टि' के
परम अहसास को जी पाए,
और सृजन की राह पर चलकर
खुशियों के नए फूल उगाए।

14.8.2020

□

# मानवता

गरम हवाएँ झुलसाए
अंबर अंगारे बरसाए
आकुलतावश ढूँढ़े नजरें
कहीं धरती ऐसी शीतल मिले।

जहाँ पवन में शीतलता हो,
मिट्टी में माँ सी पावनता हो,
स्वर्ग सा सुंदर मधुवन हो
और प्रकृति का संगीत मिले।

जहाँ प्रेम के रस में डूबा
मानव-मानव को समझे,
मानवता पर मर मिटने की
अद्‌भुत अनुपम रीत मिले।

आँखों में न लाचारी हो
हाथों में कौशल चमके
भूखा नहीं कोई भी सोए
सभी को अन्न की सीत मिले।

जहाँ दंभ न तोड़े बंधन
पीड़ा का जहाँ न हो क्रंदन
हाथ थाम ले जीवन भर जो
ऐसा मन का मीत मिले।

जहाँ कष्ट भी फूल से लगें,
दु:ख पल भर में मिट जाते हों,
ऐसी मानवता हो जग में
रीत में जिसको प्रीत मिले।

जहाँ कलुषता पनप न पाए,
राग–द्वेष, छल–कपट न आए,
हाथ पकड़कर पार लगाए,
ऐसा कोई मनमीत मिले।

वाणी में हो जहाँ मधुरता,
छंदों में वीणा की मुखरता,
अखिल विश्व की मानवता हित
सहज–सुरीला गीत मिले।

जहाँ न संबंधों में स्वार्थ हो,
सबके मन में बसा परमार्थ हो,
अपनों से हारने पर भी
प्यारी मनचाही जीत मिले।

17.8.2020

□

# राम और हमारा जीवन

प्रतिकूल समय में अकसर
इनसान टूटकर बिखर जाता है,
जीवन की कठिनाइयों में
पल–पल सिहर जाता है।

किंतु,
मैंने ऐसे पल स्वयं को
स्वयं ही समझाया है,
अवसाद में न जा पाऊँ
इसलिए मन को बचाया है।

मैंने 'राम' को गहराई से महसूस किया
जो राजमहल में पले–बढ़े,
जिस क्षण राज्याभिषेक होना था
उसी पल पग वनगमन को बढ़े।

जंगल में भी मात्र विचरण नहीं किया,
बल्कि स्वयं कष्टों में रहकर
दीन–हीन जनों के कष्टों को दूर किया।
प्रभु राम ने मानव रूप में संघर्ष किया,

मानवता के हितार्थ ही प्रभु राम ने
जीवन का एक नया आयाम दिया।

संघर्षों से जूझकर निखरने की प्रवृत्ति
चुनौतियों में न बिखरने की शक्ति ही
मानव को श्रेष्ठ बनाती है,
सँभल गया जो विषमताओं में
उसे जीवन भी खूब अपनाता है।

'राम' मेरे लिए हैं प्रेरणा-मंत्र
मेरे जीवन का आधार हैं,
राम से पाया है सतत जूझना
वे तो मानवता का सार हैं।

19.8.2020

☐

# परमशक्ति

यदि धरती के अंतस में
वात्सल्य हिलोरें न लेता,
कौन हमें गोदी में खिलाता,
अन्न का भरण-पोषण कौन देता?

वन-उपवन यदि न होते
तो कौन सृजन नित-नित करता,
अनगिन घात-प्रघात सहकर भी
कौन नवजीवन रचता।

करो कल्पना यदि हिमालय
हिम आच्छादित न होता,
कहाँ हमारी नदियाँ होतीं,
कैसे पावन जल निर्मित होता।

धरती अंबर गीत सजीले
और छंद सुरीले न गाते,
कौन सिखाता राग-रागिनी
कैसे हम जीवन जी पाते?

सूर्य, चंद्र, नक्षत्र चराचर
यदि पथ में न गतिमान रहें,
कैसे संभव थे दिन और रात्रि
जिनके बल यह संसार चले।

इस हेतु उस परम शक्ति के
हम आभारी हैं प्रतिक्षण,
जिसने जीवन दिया सभी को
है जिसकी यह सृष्टि अनुपम।

**23.8.2020**

□

# दिहाड़ी

चिलचिलाती धूप में
आग उगलती धरती पर
फटी चप्पलों के छेदों से
उठती चुभन उसे महसूस ही नहीं होती।

फटी बिवाइयों की तीखी चीर पर
रगड़ते पत्थरों के दर्द का
उसे अहसास ही नहीं होता।

सिर पर रखे तसले में
जिंदगी का भार उठाती है,
रेत, ईंट, कंक्रीट की दुनिया में
अपना संसार सजाती है।

अपने शिशु को पीठ पर लादे
वह किसी लक्ष्मीबाई से कम तो नहीं है ?
लाचारी, बेबसी और गरीबी को
वह अपनी मेहनत से कुचलती जा रही है।

कुहुकते बचपन को जब
मिट्‌टी और गिट्टियों के हवाले कर देती है,

रेत उँड़ेलते कभी, ईंटों को
आपस में बचाता है उसका शिशु
उस पर हर वक्त नजर रखती है।

तेज बारिश की बौछारें
जब धोती हैं उसके धूल से सने चेहरे को
तो धूप से झुलसे उसके चेहरे पर
खनकती हँसी खिलती है।

कभी गिट्टी-रोड़ी तोड़-तोड़कर उसने
भाग्य की दुश्वारियों को तोड़ा,
बिना शिकवा-शिकायतों के उसने
कर्म-पथ पर जीवन को मोड़ा।

भले ही उसका वात्सल्य भाव
पास ही ईंटों की छाया में सोता रहता है,
झुलसती भीषण गरमी में उसे
साँप-बिच्छू का भी भय नहीं रहता है।

उसे नहीं चढ़ता बुखार,
नहीं होता खाँसी-जुकाम
मलेरिया,
प्रकृति ने उसके
तन-मन को अपना
संरक्षण दे दिया है।

दिनभर दिहाड़ी पर वो
माँ का फर्ज नहीं भूलती है,

ईंट–बजरी ढोते–ढोते देखती है बच्चे को
और हमेशा मुसकराती है।

साँझ को तिरपाल से बने ठौर में
सुकून की नींद पाती है,
महलों का निर्माण करनेवाली
स्वयं झोंपड़ी में सुख की नींद पाती है।

उसे नहीं चाहिए नींद की गोलियाँ
उसे नरम गद्दों के बिछौने भी नहीं चाहिए,
वह तो करती है मेहनत ईमानदारी से
इसलिए किसी की दौलत भी नहीं चाहिए।

24.8.2020

□

# स्वर्ग कैसा होता है?

हम अकसर कई बातों पर
स्वर्ग और नरक की संज्ञा देते हैं,
अच्छे-बुरे कर्मों के मार्ग
इनके द्वार तक ले जाते हैं।

पर क्या सोचा है कभी
कि स्वर्ग कैसा होता है?
मेरी नजर में तो हर खूबसूरत
अहसास ही स्वर्ग होता है।

मृत्यु के बाद किसने जाना
कि किस द्वार पर खड़े हो?
कौन बताएगा कि
परलोक में किस हाल में पड़े हो?

इतनी खूबसूरत धरती से अधिक
भला कोई क्या सुंदर होगा?
जहाँ हिमालय, नदियाँ, वृक्ष
लताओं का सघन वन होगा?

असंख्य पुष्पों का उपवन
झरनों की मनमोहक फुहारें,
पंछियों की मधुर चहचहाहटें
हवाओं में सुरभित प्रेम की बहारें।

चौमासे में प्रकृति का
श्रृंगार करती बरखा
बादलों की लुका-छुपी
खुला-नीला आकाश
अनंत में विस्तारित तारों की चमक
दिन में सूर्य की आभा
रात्रि में चंद्रमा की शोभा।

दिलों में अपनापन
प्रेम-सौहार्द अपनत्व की दीवाली,
रंगों में बिखरती खुशियों की
रंग-बिरंगी होली।

जहाँ पशु भी प्रेम समझता है,
सर्वस्व अर्पण कर प्रेम जताता है,
जहाँ जन्म लेने के लिए
स्वयं ईश्वर भी लीला रचने आता है।

ऐसा अलौकिक, अप्रतिम, अद्भुत
स्वर्ग कहीं और तो नहीं है,
जहाँ प्रकृति स्वयं पोषित करे सृष्टि को
ऐसा कोई अन्य लोक तो नहीं है।

इसलिए,
मेरा स्वर्ग तो मेरी यह धरती ही है,
जो हमें हर सुख प्रदान करती है,
अच्छे विचारों और
कर्मों की खेती में
हमारी हर खुशी महकती है।

**25.8.2020**

□

# अहसास ही जिंदगी है

जीवन में जिस क्षण को जी लिया
वही तो जिंदगी है,
हमारी खुशियाँ हैं जिनमें
उन पलों को जीना ही सच्ची जिंदगी है।

यूँ तो महलों में भी कभी-कभी
कुंठित मन अवसाद में रोता है
और सड़क किनारे फुटपाथों पर कोई
भूखी मुसकराहट ले निश्चिंत हो सोता है।

अभावों में, आकांक्षाओं में
अधपेट भोजन करके भी जो
चैन की बंसी बजाए
वही असली जिंदगी है।

अच्छे में तो अच्छा होता ही है
किंतु बुरे समय में जो धैर्य दिखाए
यही तो जिंदगी है।
खुशियाँ तो हर रूप में
बिखरी हैं हमारे चारों ओर
इन खुशियों को समेटकर जीने का
अहसास ही जिंदगी है।

**26.8.2020**

□

# लक्ष्यप्राप्ति तक

व्यक्ति जब कर्मरथ पर आरूढ़ हो
आत्मविश्वास की ढाल पहने
कौशल और जुनून के शस्त्रों से संपन्न हो
लक्ष्यप्राप्ति की हुँकार भरता है।

तो फिर,
    बौनी पड़ जाती हैं उसके समक्ष
    फन उठाती चुनौतियाँ,
    हिलोरें खाती कठिनाइयाँ
    और बाधा बनी मजबूरियाँ।

वो बाधाओं के बड़े-से-बड़े
चक्रव्यूह को भी
ध्वस्त करता है।

काश, अरे, किंतु-परंतु
अगर-मगर जैसी लाचारी
तब उसके इर्द-गिर्द भी नहीं फटकती हैं,
द्वेष-विद्वेष, ईर्ष्या-स्वार्थ की मनोभावनाएँ
क्षण भर में काँच की दीवारों सी चटकती हैं।

उसका एकाग्र भाव उसे
अनवरत दौड़ाता रहता है,
लक्ष्य विजयी होने का
प्रतिक्षण उसके अंतस को खपाता रहता है।

मंजिल के द्वार पर
जब वह खड़ा होता है,
तो उसका हृदय
भावों से भरा होता है
और तब आत्मसंतुष्टि से भरा उसका मन
ईश्वर के चरणों में झुका होता है,
सृष्टि का सारा चक्र
उसके लिए रुका होता है।

**29.8.2020**

□

# प्रकृति का मानव को उपहार

प्रकृति का नैसर्गिक सौंदर्य
हर मन को मोह लेता है,
मानव मन प्रकृति के आँचल में
जीवन की टोह लेता है।

प्रकृति ने सृजन से विध्वंस तक
स्वयं को निखारा है,
इसके कण-कण में बिखरा
सृष्टि का जीवन-दर्शन सारा है।

चमचमाता गिरि-शिखर हो
या द्रवित नदियों का स्वभाव
परहित जीने को दोनों ने
स्वयं संकल्प लिया है।

सघन वनों में बलखाती लताएँ
सिर उठाए वृक्षों की पाँत
घनी झाड़ियों में कुहुकते घोंसले
सभी ने परहित जीवन जिया है।

प्रकृति का हर रूप मौन है,
मौन रहकर भी इनमें जीवंत शोर है,
इसने रात्रि के तिमिर में

चाँद-तारे चमकाए
चमकते सूर्य से दमकाई भोर है।

प्रकृति ने ठहरी जमीन, बहती नदी
उड़ती हवाओं में
जीवन का संगीत सजाया है,
बरसती बूँदों में अंबर का
प्रेम सरसाया है।

दिनभर न जाने क्या-क्या
और कितना यह प्रकृति दिखाती है,
उठना, गिरना, फिर खड़ा होना
हमें बार-बार बतलाती है।

तो क्या हुआ अगर
रास्तों में बाधा, कठिनाइयाँ खड़ी थीं,
इन्हीं की बदौलत तो हमने
जीवन की कठिन चढ़ाइयाँ चढ़ी थीं।

जितना पास हम प्रकृति के जाएँगे
जितना उसे अंतस में जी पाएँगे,
तब बाधाएँ भी हमें अपनी सी लगेंगी
जो बुरे समय में हमें
मजबूत बनाएँगी।

और हमारे इरादों को दृढ़ कर
जीवन का सफल मंत्र पढ़ाएँगी,
इन सबसे प्राप्त खुशियाँ
हमारे जीवन में खिलखिलाएँगी।

**30.8.2020**

□

# इनसानियत नहीं खोनी है

भले ही कष्टों का बोझ
उसके सीने में बढ़े,
वो प्रतिक्षण बढ़ते भार को सहे,
भले ही लापरवाही में हमने
उसे नजरअंदाज किया,
किंतु धैर्यशील 'धरा'
सृजन का मौलिक गुण नहीं खोती है।

हमारे तन की मलिनता
समाती है जिसमें
बाधाएँ राह रोके खड़ी हैं जिसकी
वह नदी भी अविरल प्रवाह से कभी
विमुख नहीं होती।

जैसे मन को मोह लेती है
चंदन की खुशबू,
उस पर लिपटे जहरीले नागों के कारण
चंदन की खुशबू कभी जहरीली नहीं होती है।

प्रकृति ने हर रचना में
हमें जीवन का संदेश दिया है,

तो क्यों ये बातें हमसे
आत्मसात् नहीं होती हैं।

परेशानियाँ तो सृष्टि में भी बहुत हैं,
इनसे आहत हो सृष्टि
कभी रचना का गुण नहीं खोती है।

इसलिए हमें हर हाल में
इनसान की मौलिकता बनाए रखनी है,
ईश्वर की दी हुई इनसानियत
सदैव जिंदा रखनी है।

**03.8.2020**

□

# हरियाली मेरे मन की

सूर्य रश्मियों में समाहित
प्रत्येक रंग की विशेषता है,
चमकते-चटकीले रंगों की
जीवन में विशेष महत्ता है।

जमीन पर पसरे हरे रंग ने
हरियाली चादर ओढ़ धरती को सँवारा है,
विविध रूपों की बहुरंगी चुनरी ने
प्रकृति का सौंदर्य निखारा है।

सृष्टि को जीवतंता का बोध कराती
यह हरियाली मन को मोह लेती है,
सुख-समृद्धि की द्योतक यही तो है
जो निराशा में भी आशा की टोह लेती है।

खिलखिलाती हँसी और
खिले हुए चेहरों में
हरियाली शांति और सौंदर्य बिखेरती है।
जब मन सद्भाव की धानी ओढ़नी ओढ़े
हरी-हरी यथार्थ की जमीन पर थिरकता है
तो यकीनन प्रकृति का वात्सल्य
उसी पर जमकर बरसता है।

04.9.2020

□

# शिक्षक

जीवन दिया सबको माता–पिता ने,
पर जिसने बेहतर जीवन दिया
वह शिक्षक है।

जीवन में मंजिल तक
रास्ते बहुत से हैं,
अच्छे पथ पर जो ले जाए
वह शिक्षक है।

माता–पिता की छाँव में
दुनिया की तमाम खुशियाँ हैं।
जो सच्ची खुशियों का अर्थ बताए
वह शिक्षक है।

गुण–अवगुण से बने
माता–पिता पोषित करें,
जो गुणों को तराशकर हीरा बनाए
वह शिक्षक है।

पालन–पोषण कर माता–पिता
जिंदगी बनाते हैं,

जो राष्ट्र–निर्माण में संस्कारित भूमिका सिखाए
वह शिक्षक है।

रोजी–रोटी कमाने का धर्म
माता–पिता सिखा देते हैं,
जो समर्पण का मंत्र सिखाए,
वह शिक्षक है।

05.9.2020

□

## गीत अपने मन का

राहों के तपते गारों ने,
अंबर से बरसे अंगारों ने;
जब भी मन को झुलसाया है,
तब नवजीवन मैंने पाया है।

एकाकी चला निर्जन वन में
घना तिमिर डराने आया था,
आँधी-तूफान की चुनौती देकर
वो मुझे हराने आया था।

कभी धरा डोली लड़खड़ाने को
कभी पवन उड़ाने आई थी,
काँटों की राहों पर मैंने
हर वक्त चुभन ही पाई थी।

मन का दर्द जब आँखों में
सुंदर मोती बन जाती है,
नयनों से छलककर वह पीड़ा
कागज पर उतरती जाती है।

कागज पर उतरते मोती को
माला में पिरोता जाता हूँ,
जीवन के उन अहसासों को
मैं गीत बनाकर गाता हूँ।

यूँ बनते जाते हैं मधुर-मधुर
गीत मेरे अपने मन के,
थिरकते हैं तब कागज पर
अनगिन सपने मेरे मन के।

06.9.2020

□

# एक पुष्प की अभिलाषा

अपनी पँखुड़ियों के भीतर
मैं उत्सुक था खिल जाने को,
इस उपवन में महकते अनगिनत
फूलों की तरह इठलाने को।

हुई प्रतीक्षा जब समाप्त
और मेरा यौवन निखर गया,
रंगीली धरती को देख-देख
मैं एकाएक ही ठिठक गया।

मेरी तरह हजारों फूल
बगिया में झूम रहे थे,
कुछ लोग हाथों में टोकरी लिये
इधर-उधर घूम रहे थे।

एकाएक मेरे कानों में
कराहने का स्वर फूटा,
जो आँखों से देखा मैंने
उससे मेरा हृदय टूटा।

प्रकृति माँ!

अपने जीवन में इस यौवन को
सार्थक करना चाहता हूँ,
तुमसे मिले इस जीवन को
तुम्हें समर्पित करना चाहता हूँ।

मैं पूर्ण करूँ उस माला को
जो ईश्वर के कंठ में सुशोभित हो,
या बेचा जाऊँ उन हाथों से
जिनसे निर्धन की जिंदगी पोषित हो।

मैं बच्चों का खिलौना बन
खिलखिलाना चाहूँगा माँ,
या वीर सपूतों की टोली की
आरती उतारना चाहूँगा माँ।

मुझे चाहे उस पार्थिव देह पर
तुम अर्पित कर देना,
जो इस लोक की यात्रा पूर्ण कर गए
उनको समर्पित कर देना।

मुझे प्रेम की पराकाष्ठा का
साक्षी हर हाल बना देना,
किसी सच्चे प्रेमी के हाथों
प्रिया के गजरे पर सजा देना।

प्रकृति माँ!

मैं अपने जीवन को
हर रूप में अर्पित करता हूँ,

भरे यौवन में मैं स्वयं को
परहित समर्पित करता हूँ।

माँ!

बस यही कामना है कि
जीवन को पूर्ण सार्थक बना पाऊँ,
अभागे कराहते फूलों की तरह
धनिकों के पैरों तले न रौंदा जाऊँ।

08.9.2020

□

# प्रकृति का संदेश

अंबर से सूरज की किरणें
सपनों से जगाने आई हैं,
उन सपनों को सच करने का
सुंदर संदेशा लाई हैं।

जब धवल प्रकाश से आच्छादित
वसुधा निज का श्रृंगार करे,
सतरंग तरंग बने जल में
खुद का सौंदर्य निहार करे।

सुंदर प्रकृति के आँचल में
जीवन का बाग बनाना है,
अपने अनुभव के फूलों से
उपवन को हमें सजाना है।

सूरज से दिव्य आभा लेकर
चंदा से शीतलता पाओ,
उन्नत नगराज से धीर बनो
गहराई सागर सी लाओ।

जिस ईश्वर ने अपने हाथों
सुंदर संसार रचाया है,
उसने प्रकृति के पथ पर ही
जीने का ढंग सजाया है।

अपने सुंदर सपनों की तुम
नभ में ऊँची सी उड़ान भरो,
जीवन सार्थक हो जाए बस
परहित कुछ ऐसा काम करो।

11.9.2020

□

# मेरे संग गा

धानी चुनरी ओढ़े धरती गुनगुनाती है जो
नदियों के कल-कल छलकता जल में बहता है जो
पंछियों के स्वर में भी जो चहचहाता है
और अंबर धरती से हर सुबह कहता है जो।
वह स्वर्गिक संदेश है,
तू गा मेरे संग
तू गा मेरे संग···।

आ साथ मिलकर सृजन का एक गीत गाते हैं,
विश्वास के रागों से इसका सुर सजाते हैं।
खोई मानवता को फिर से ढूँढ़ लाते हैं,
चल सब दिलों में प्रेम का दीपक जलाते हैं।
जलती लौ को आँधी-तूफान से बचाना है,
उस दीए से घोर तम को भी हटाना है।
तू आ मेरे संग गा···
तू आर मरे संग गा···।

मन में हो उल्लास, साँसों में सरगम हो,
खुशियाँ हो चहुँओर, न कोई भी आँख नम हो।
तू गा मेरे संग
तू गा मेरे संग···।

हाथ थामे मनुज को आगे बढ़ाना है,
मन में उपजे द्वेष–तम को भी मिटाना है।
इनसान को वरदान ईश्वर का बनाना है,
सुख, शांति और सौहार्द का एक गीत गाना है।

हो दुःखी न कोई धरती पर ये सपना है,
इस जहाँ में हर कोई ही मेरा अपना है।
यही तो है संदेश स्वर्गिक,
तू गा मेरे संग
तू गा मेरे संग···।

**12.9.2020**

# फूल की जिंदगी

एक रोज पूछा मैंने फूल से कि
कड़ी धूप में कैसे मुसकरा रहा है ?
कैसे बचाया हवाओं से खुद को
बरसती घटाओं में तूने क्या-क्या सहा है ?

मुझे देखकर फूल इठलाकर बोला
क्षणिक जिंदगी जोखिमों में पली है,
न जाने कोई कब उसे तोड़ लेगा
खिली डाल पर जो अभी वो कली है।

नहीं कोई फुरसत कि मन में ये आए
कहाँ, कौन, कैसा सितम ढा रहा है ?
क्या बताऊँ तुम्हें इस क्षणिक जिंदगी में
मुसकाने को हमने क्या-क्या सहा है ?

कड़ी धूप ने हमको जीवन दिया
हवाओं में साँसों को जी भरकर पाया,
बरसती घटाओं में इठलाकर झूमे
प्रकृति के हर रंग में खुद को पाया।

एक दिन की भले ही मिली है जिंदगी
मैं इसी दिन को जी भरकर जी रहा हूँ,
कल रहे या न रहे यह तन, लेकिन
आज मैं स्नेह का अमरत्व पी रहा हूँ।

किसी ने ठुकराया पाँव से, किसी ने अधरों से लगाया
न गम है कोई और न मन में गिला है,
मैं बस इसी में खुश हूँ कि मुझको
प्रकृति माँ का आँचल मिला है।

14.9.2020

□

# कोई ऐसा चाहिए

जब कभी टूटा हो मन
बिखरे हों अरमान भूमि पर
उस घड़ी मन को सँभाले
ऐसा कोई मन चाहिए।

जो सदा निश्छल प्रीति के
पथ पर चले साथ-साथ,
ऐसा राही जिंदगी में
साथ चलना चाहिए।

जो हमारी अनकही बातों का
मर्म बिन कहे भी जान ले,
ऐसा भावुक मन हमारे
पास रहना चाहिए।

जिंदगी की भीड़ में
आहट से जो पहचान ले,
मन के धागे से बँधा
कोई मनमीत होना चाहिए।

जिसके काँधे पर सिर टिका
थपकी मिले अपनत्व की,
ऐसा कोई साथी अपना
अपने पास होना चाहिए।

15.9.2020

□

# आपसी सहयोग

सृष्टि ने परस्पर सौहार्द
और सहयोग को परिभाषित किया है,
प्रकृति के कण-कण ने
स्वयं को सदा अनुशासित किया है।

धरती के सूखे कंठ को
क्षितिज से बादल ने आकर तृप्त किया,
रिमझिम फुहारों में प्रेम की बूँदों से
प्यासे मन को पूर्णतः तृप्त किया।

आसमान भी जब बिन बादल
रूखा-रूखा सा होता है,
नदियों और समंदर से गुहार कर
नए बादल का निर्माण कर लेता है।

विषैली हवाओं से जब भी
सृष्टि का दम घुटता है,
तब पेड़-पौधों की संजीवनी से
संसार में नवजीवन होता है।

ईश्वर ने प्रकृति को
नदियाँ, पहाड़, हिमखंड और वृक्ष दिए हैं,
विविध रंग-रूपों में विविध
सृजन के यंत्र दिए हैं।

ताकि संतुलित कर सके मनुज
सौहार्द से परिपूर्ण जीवन
एक के बिना दूसरे का अस्तित्व नहीं
इस सत्य को जाने हर मन, हर जन।

16.9.2020

□

# वह प्रकृति है

निरंतर गतिमान मन को तराशकर
जो सार्थक बनाए वह प्रकृति है,
जो दिन को सूर्य की आभा दिलाए
रात्रि में तारों के बीच चंद्रमा को चमकाए
वह प्रकृति है।

धरती का सतरंगी श्रृंगार जो
सभी ऋतुओं में विभिन्न भावों में
अमूल्य आभूषणों से कराए,
वह प्रकृति है।

हिमालय की रजत आभा से निसृत
नदियों के कल–कल जल की ध्वनि से
जो सूखी धरा पर जीवन सरसाए,
वह प्रकृति है।

पेड़–पौधों, झरनों, गाड़–गधेरों को
अपने सीने पर हर्षाए,
उन्हें सृजन का उद्देश्य समझाए,
वह प्रकृति है।

तपता रेगिस्तान हो या
दहकता ज्वालामुखी
जो भीषण रण में भी धैर्य सिखाए,
वह प्रकृति है।

जो विधाता की बेरूखी सहे,
आँधी, तूफान और प्रलय की
वीभत्स बेला में भी जो प्रेमपूर्वक रहे,
वह प्रकृति है।

ध्वस्त सपनों और बंजर धरती में जो
पुनः सृजन के बीजों को रोपे,
वह प्रकृति है।

जो पतझर के बाद जीवन को
वसंत का निरंतर संदेश दे,
वह प्रकृति है।

17.9.2020

□

## सार जीवन का

पतझड़ बनते जीवन में जो
राग बसंती सुर खनकाए,
नीरस मन के तारों से भी
जीवन का संगीत सुनाए।

ला दे जो आशा जीवन में,
सच्चा सार्थक गीत वही है।

जिनसे हो मानव-निर्माण
प्राणी के प्राणी में बसते प्राण,
जहाँ मनुजता मिले मनुज से
न हो वैरभाव, न खींचतान।

संस्कारों की पाठशाला में,
सच्ची सार्थक रीत वही है।

जहाँ अकलुषित हृदय किसी पर
मर मिटने को आतुर हो,
जहाँ स्वार्थ का लेश भी न हो
छल-कपट तो दूर-दूर हो।

ऐसा यदि कोई प्रेम करे तो
सच्ची सार्थक प्रीत वही है।

दंभ–स्वार्थ और लोलुपता की
जहाँ न कोई मीनारें हों,
जाति, धर्म और वर्ग भेद की
जहाँ न कोई दीवारें हों।

मन को मन से जीत सके जो,
सच्ची सार्थक जीत वही है।

18.9.2020

□

# प्रकृति के पास जिंदगी

जब कभी यह जिंदगी
दो पल सुकून के चाहती है,
जब यह स्वयं ही स्वयं से
निज को समय माँगती है।

जब दुखते पैरों में स्वयं,
मरहम लगाना चाहती है,
जब जिंदगी निज हाथ से,
सहलाना खुद को चाहती है।

जब जिंदगी उन्मुक्त होकर
खिलखिलाना चाहती है,
तब वह प्रकृति के उन्मुक्त
आँचल में सिमटना चाहती है।

जहाँ मखमली सी धरा पर,
मेरे पैरों की थपकी पड़े,
धरती के स्नेहिल स्पर्श से,
पैरों में गुदगुदी सी लगे।

जहाँ ताल में हिमराज भी,
सौंदर्य निज का निहारता,

मखमली बुग्याल उसका
रूप–यौवन सँवारता।

शीतल पवन जहाँ आई हो
खुशबू प्रकृति की साथ ले,
जहाँ गुनगुनी सी धूप ठिठुरन में
स्वयं बाँहों में ले।

जहाँ गाती हो कोयल किसी
प्रेमी के मन के गीत को,
जहाँ पंछी साथ गाकर
पूर्ण करते हैं संगीत को।

जहाँ रंग–बिरंगे फूलों में
जीवन की खुशियाँ महकती हैं,
जहाँ तिनका–तिनका बनाकर
घरों में चिड़ियाँ चहकती हैं।

जहाँ बहते निर्झर नयनों को
चैन–सुकून न अहसास दें,
जहाँ ठंडी बौछारें धधकते
मन को शीतल श्वास दें।

कुछ देर वहाँ रहने दो मुझे
निर्झर सा बहने दो मुझे,
जी भरकर खुद से अपने
मन की बात कहने दो मुझे।

**18.9.2020**

□

# संदेश प्रेम का

भ्रमर कोई संदेशा ले जब कुसुम के पास जाता है
अपनी अनुगूँज से संदेश को गाकर सुनाता है,
जिसे सुन झूमकर इठला उठती है फूल की डाली
उन्हीं बातों को सारे बाग से वो बाँट आता है।

बगीचे में जो पंछी घोंसले में दुबके बैठे थे
उन्हीं के पास गुजरे भ्रमर का गीत सुनते हैं,
कहा क्या भँवरे ने नन्हे पंछी माँ से कहते हैं
बताओ तो क्यों भँवरे को देखकर वो फूल हँसते हैं।

लगी चिड़ियाँ माँ नन्हे पंछियों को बात समझाने
संदेशा जो मिला फूलों को उसका मर्म बतलाने,
भ्रमर ने प्रेम का संदेश देकर फूल को है पाया
अधर फूलों का छूकर रस स्वयं के साथ है लाया।

मिला जो प्रेम से उसको उसी से मधु बनाएगा
परस्पर प्रेम और सौहार्द की नई रचना रचाएगा,
विधाता ने विविध रंग–रूप में मन प्रेम से सींचा
यही सौहार्द मन का सृष्टि को आगे बढ़ाएगा।

19.9.2020

☐

# मेरी सुबह और प्रकृति

हर सुबह आँख खुलते ही
चला जाता हूँ प्रकृति की गोद में
जहाँ प्रकृति माँ अपनी शीतलता से
मुझे सहला देती है।

मैं स्थिर हो
बस देखता रहता हूँ,
ऊँची पहाड़ी की मखमली घास पर
स्वयं को पाता हूँ।

मुझे प्रकृति माँ स्वाभिमानी हिमालय सा
धीर बनने को कहती है,
पवन के झोंकों की शीतलता
शांत रहने को कहती है।

मेरे 'ओ३म्' का गुंजन
जब अनंत आकाश छूता है,
तो मन एकाएक परम शिव को
अपने समीप ही महसूस करता है।

ज्यों-ज्यों मैं प्रकृति में खोकर
मन को स्थिर करता हूँ,
त्यों-त्यों मैं स्वयं को
स्थित प्रज्ञ सा महसूस करता हूँ।

शांत, नितांत शांत वातावरण में
मैं हर रोज प्रकृति संग विचरता हूँ,
उसके सान्निध्य में प्रतिक्षण
प्रतिपल खूब निखरता हूँ।

मुझे जो असीम आनंद
और सुकून प्राप्त होता है,
वह पूरे दिन के लिए मुझमें
ऊर्जा के पुंज सा व्याप्त होता है।

स्वयं को तरोताजा महसूस कर
फिर चढ़ जाता हूँ जीवन-रथ पर,
जिम्मेदारियों के निर्वहन और
चल देता हूँ कर्तव्य के पावन पथ पर।

20.9.2020

## साँझ

ढलता सूरज जब ऊँघकर
अलसाकर शयन कक्ष की ओर
प्रस्थान करता है।

तब साँझ,
मस्तियों, उम्मीदों और खुशियों की
पोटली बाँधे दस्तक देने आती है।

अगले दिन फिर सूर्य के आने तक
इस सृष्टि के लिए
हर साजो-सामान लाती है।

उसके आते ही पंछी चल पड़ते हैं
सुकून के लिए नीड़ में,
वनचर गुफाओं और पेड़ों की ओट में,
ठौर पाने की आस में,
पग तेजी-तेजी से बढ़ते हैं
अपने सपनों के आशियाने में।

जहाँ प्रतीक्षा में,
किसी की नजरें झाँक-झाँककर
द्वार पर पहरा देती हैं।

यह साँझ,

लाती है मुसकान उन चेहरों पर
जो दिन भर अपनों की राह ताकती हैं,
सुहानी सी साँझ में सभी
चाय की चुस्कियों के संग
दिनभर की थकान मिटाते हैं।

थोड़ी देर में साँझ
रात को जिम्मेदारी दे जाती है,
अगले दिन की स्फूर्त शुरुआत हो
रात ऐसा आत्मिक सुकून बरसाती है।

**25.9.2020**

□

# मन की छटपटाहट

वह मूक था, किंतु
उसकी आँखें, चेहरा और
हाथों की उँगलियाँ ढेर सारी बातें करतीं।

उसकी बधिरता
उसकी सोचने–समझने की शक्ति पर
और अभिव्यक्ति पर
भारी नहीं पड़ती।

तो क्या हुआ!
वह भीड़ का शोर नहीं सुन पा रहा है,
किसी भी आवाज का भेद नहीं पा रहा है,
लेकिन वह माहौल को समझ लेता है,
ध्वनित तरंगों से।

किंतु,
उसकी पारखी नजरें पढ़ लेती हैं चेहरा,
समझती हैं वो भाव जो हर चेहरे
पर आ रहा।
पढ़ लेता है उन होंठों की भाषा
तो क्या हुआ!

वह सुन नहीं पाता है,
लेकिन समझ जाता है।

उसने,
मूक–बधिर होने का अफसोस नहीं किया,
वह हर पल दोगुने उत्साह में जिया,
मन की छटपटाहट ने उसे संघर्ष के लिए उकसाया,
उसने नृत्य को ही अपना जीवन बनाया।

अब,
उस नन्ही सी जान के लिए स्वच्छंद
मुक्त खुला आसमान हो गया,
वह थिरकते कदमों, चेहरे और उँगलियों की
भाषा से अपनी हर बात कह गया।

नन्हे से एक बालक ने जब
खूब तालियाँ और शाबाशी पाई,
उसके अधूरेपन ने आज
उसकी इच्छाशक्ति से मात खाई।

कल तक उपेक्षित सा महसूस करनेवाला
आज अद्वितीयता का उदाहरण बन गया,
जिसके जीवन पर दुनिया को अफसोस था
आज 'वही' जीने का कारण बन गया।

13.6.2020

□

# पहाड़ को एक चिट्ठी

प्रिय पहाड़ !
मुझे मालूम है तुम हमेशा की तरह
सभी के साथ-साथ
अपना भी ध्यान रख रहे हो।

मैं भी अच्छा हूँ
और रोज सुबह-शाम
तुम्हें बहुत याद करता हूँ।

तुम्हारी खूबसूरती पर
कविताएँ लिखता हूँ,
तुम्हारे संघर्ष की कहानी से
स्वयं भी अनवरत सीखता हूँ।

पहाड़ !
तुम तो हमेशा से ही
मेरी प्रेरणा के स्रोत रहे,
मैं जानता हूँ तुमने भी अनगिन
दुःख-दर्द हमेशा सहे।

तुम्हारी हिमाच्छादित श्वेत श्रृंखलाएँ
सदैव मेरे मन को मोहती रही हैं,

मेरे भीतर अध्यात्म के बीज
प्रतिपल बोती रही हैं।

तुम्हारा सघन वृक्षों से भरा जंगल
पशु–पक्षियों का ठौर है,
इन निरीह बेजुबानों का
तुम्हारे सिवा नहीं कोई और है।

तुम्हारे आँचल में सीढ़ीनुमा खेतों की पंक्तियाँ
ठहरे पानी में उठती लहरों की तरह दिखती हैं,
उन्हें देख मेरी उँगलियाँ थिरककर
नई कविता लिखती हैं।

तुम्हारी गोदी में बसे गाँव और
उनकी परंपराएँ भी समृद्ध हैं,
तुम्हारी संस्कृति और अटूट परंपराएँ
विश्व भर में प्रसिद्ध हैं।

पहाड़!
तुम्हारे अंतस में बसी मानवता ने
संसार को जिंदा रखा है,
अपनेपन और बंधु–बांधव का
अटूट रिश्ता रखा है।

तुम्हें मालूम है,
तुम्हारे हृदय से उद्गमित गंगा
आज विश्व की माँ कहलाती है,
तुम्हारी तरह वो भी मानव को
कष्टों से मुक्ति दिलाती है।

पहाड़!

तुम्हारे बिना तो संसार की कल्पना
करना ही व्यर्थ है,
तुम्हारे कारण ही जीवन का
सार्थक अर्थ है।

पहाड़!

यूँ तो तुम सदैव प्रसन्नचित होकर
अपने कर्तव्यों का निर्वहन करते हो,
तमाम कष्टों को खुशी-खुशी झेलते हो
पर कभी उफ् भी नहीं करते हो।

लेकिन मैं,

कभी-कभी तुम्हें दरकता देख
थरथराता देख, धधकता देख
दुःखी हो जाता हूँ,
तुम्हारी सलामती के लिए रोज
ईश्वर से प्रार्थना करता हूँ।

और फिर तुम्हीं मुझे
ढाढ़स बँधाकर जीकर दिखाते हो,
सृजन और विंध्वस सुख-दुःख की तरह हैं
यह बात सिखाते हो।

तब,

हमेशा की ही तरह तुम्हें देख
मैं गुनगुनाने लगता हूँ,
कभी दूर से तो कभी पास रहकर
तुम्हें प्रतिपल याद करता हूँ।

30.5.2020

□

# निराश न हो

हर बड़ा संकट हमें
लड़ना सिखाता है,
कंटकाकीर्ण जीवन की राह पर
बढ़ना सिखाता है।

न हो···उदास, न हो···
न हो···निराश, न हो···

कदम को रोका भले, नहीं हौसला खोया,
एकांत में नवसृजन का नव बीज है बोया।
देख हालत जमाने की पर ये मन खूब रोया,
कोने में पड़ा था, किंतु पल भर भी नहीं सोया।

थोड़ी रूठी इस प्रकृति को मनाना है,
इसके सुर–लय–ताल में ही गुनगुनाना है।

न हो···उदास, न हो···
न हो···निराश, न हो···

है कठिन यह वक्त फिर भी गुजर जाएगा,
हर रात के बाद सूरज उग ही आएगा।

टूटता मन टूटते को फिर से उठाएगा,
हो चुका निस्तेज चेहरा फिर मुसकराएगा।

हो भले न पास, फिर भी साथ रहना है,
एक-दूजे से ही अपना दर्द कहना है।

न हो···उदास, न हो···
न हो···निराश, न हो···

होता मन व्यथित जब-जब दर्द पाता है
साथ अपना साया भी जब छोड़ जाता है,
अँधेरा स्वर्णिम स्वप्न को निगल जाता है
जब हमारा कर्मफल भी पिघल जाता है।

तो दुबारा उठकर फिर से सँभलना है,
हौसला रखकर राह पर डटकर चलना है।

न हो···उदास, न हो···
न हो···निराश, न हो···

**05.6.2020**

□

# प्रकृति की गोद में

जिंदगी के रंग जब कभी
कुछ फीके से लगने लगें।
उम्मीदों की किरणें जब
निराशा में ढलने लगें॥

तो बेझिझक,
चले आना प्रकृति की गोद में
जहाँ रंगों से सजी प्रकृति
अपने हर रंग में तुम्हें रंग देगी॥

जहाँ उदित होते सूर्य की
पहली किरण तुम्हें जगा देगी,
ताजा पवन तुम्हें स्फूर्त कर देगी॥

जहाँ उम्मीदों का अनंत
आकाश तुम्हें दिखाई देगा।
जहाँ जीवन को यथार्थ में जीते
पंछियों का स्वर सुनाई देगा॥

जहाँ अविरल अनवरत जलधाराओं में
जीवन के रहस्य दिखाई देंगे।

हरी-भरी धरती और अंबर
धैर्य धारण करते प्राण दिखाई देंगे॥

तब निश्चय ही,
तुम्हें जीवन के फीके रंगों में भी
चटकीला सा अहसास होगा।
उम्मीदों की किरणों में
आशा का आभास होगा॥

13.10.2020

□

# चाँदनी और जुगनू की गुफ्तगू

उस रात चाँद अपने पूर्ण यौवन पर था,
अपनी उजली चाँदनी को
पृथ्वी पर भेजने को आतुर था।

निशा की आहट पाते ही
चाँद चमकने लगा,
चाँदनी से धरा का
अनुपम श्रृंगार करने लगा।

उपवन में चंद्र किरणों से प्रकाशित
आरोही भी अँगड़ाई लेने लगी,
टिमटिमाते जुगनुओं से
मन की बात कहने लगी।

जुगनू!
बड़े भाग्य से मिलता है ऐसा
जीवन जो प्रकाशित हो,
घुप्प अँधियारे में भी
अँधेरी गलियों में तुम्हारा टिमटिमाना
निन्यारों के संगीत को पूर्ण करता है,

सुनसान राहों में जीवन का गीत
सुनकर आह भरता है।

जुगनू कुछ उदास सा
चाँदनी से बोला,
तू भी कम भाग्यवान नहीं
तूने भी धरती पर खुशियों का
पिटारा खोला।

कुछ कहता जुगनू आगे
चाँदनी बीच में बोल उठी,
चार दिन की जिंदगी है मेरी
मैं किसी को क्या दे सकी।

खिलखिला पड़ा जुगनू
चाँदनी की नादानी पर,
पगली, यही तो जिंदगी है
तू फक्र कर जिंदगानी पर।

मैं आजीवन चमककर
पथ रोशन नहीं कर सकता,
मन मसोसकर रह जाता हूँ
जब परहित कुछ कर नहीं सकता।

ये टिमटिमाहट भी अपने स्वार्थ में
भोजन की तलाश करती है,
मिल जाए भूख तृप्त करने को
इसलिए मेरी रोशनी ढूँढ़ती रहती है।

किंतु तेरी आभा तो
विश्व को प्रकाशित करती है,
कई प्रेमी अपने प्रेम को
तुझसे परिभाषित करते हैं,
चकोर अनिमेष तेरी प्रतीक्षा में
धैर्य रोज रचते हैं।

चार दिन ही सही
तेरी जिंदगी
यह तो सब कहते हैं,
पर सभी प्राणी फिर भी तेरी
प्रतीक्षा में ही रत रहते हैं।

जुगनू की बातें चाँदनी को
आह्लादित करती रहीं,
अपने क्षणिक जीवन के
अर्थ को समझती रहीं।

पूरी रात अपनी शीतलता से
वह जुगनू को सहलाती रही,
फिर मिलने के वादे के साथ
चाँदनी उषा में समाती रही।

21.10.2020

□□□